CATECHISM

子どもと共に学ぶ

新・明解カテキズム

全国連合長老会日曜学校委員会［編］

関川泰寛［解説］

教文館

目次

装丁　桂川　潤

三要文

本書で用いられている使徒信条、十戒、主の祈りの本文は、それぞれ以下のとおりです。使徒信条と主の祈りは『こどもさんびか　改訂版』（日本キリスト教団出版局、二〇〇二年）に、十戒は『こどもさんびか』（日本キリスト教団出版局、一九八七年）に収められていますが、ここでは改めて、それらの本文を掲載しておきます。

使徒信条（教会教育用口語訳　第一四回日本基督教団総会承認）

わたしは、天地の造り主、全能の父である神を信じます。

わたしは、そのひとり子、わたしたちの主、イエス・キリストを信じます。主は聖霊によってやどり、おとめマリヤから生まれ、ポンテオ・ピラトのもとで苦しみを受け、十字架につけられ、死んで葬られ、よみにくだり、三日目に死人のうちからよみがえり、天にのぼられました。そして全能の父である神の右に座しておられます。そこからこられて、生きている者と死んでいる者とをさばかれます。

わたしは、聖霊を信じます。きよい公同の教会、聖徒の交わり、罪のゆるし、からだのよみがえり、

永遠のいのちを信じます。アーメン

十戒

わたしはあなたの神、主であって、あなたをエジプトの地、どれいの家から、みちびきだしたものである。

1 あなたは、わたしのほかに、なにものをも神としてはならない。
2 あなたは、自分のために、きざんだ像をつくってはならない。
3 あなたの神、主の名を、みだりにとなえてはならない。
4 安息日をおぼえて、これを聖とせよ。
5 あなたの父と母をうやまえ。
6 あなたは、殺してはならない。
7 あなたは、姦淫してはならない。
8 あなたは、ぬすんではならない。
9 あなたは、隣人について、偽証してはならない。
10 あなたは、隣人の家をむさぼってはならない。

主の祈り（日本聖公会／ローマ・カトリック教会共通口語訳）

天におられるわたしたちの父よ、

三要文

み名が聖とされますように。
み国が来ますように。
みこころが天に行われるとおり
　地にも行われますように。
わたしたちの日ごとの糧を今日もお与えください。
わたしたちの罪をおゆるしください。
　わたしたちも人をゆるします。
わたしたちを誘惑におちいらせず、
悪からお救いください。
国と力と栄光は、永遠にあなたのものです。
　アーメン。

子どもと共に学ぶ
新・明解カテキズム

序　生きる目的

問1　わたしたちが生きるために最も大切なことは何ですか。

答　わたしたちに命を与えてくださった神さまを知ることです。

マタイ6・25―34、ガラテヤ4・8―11、ルカ10・38―42、ヨハネ4・7―15、アモス5・4―8、イザヤ55・1―3、詩編27・1―4

「わたしたちが生きるために最も大切なことは何ですか」という問いは、カテキズムが最初から、わたしたちに決断を求めていることを意味しています。「あなたの人生にとって大切なものは何ですか」という問いであれば、わたしたちは、それは愛です、友情です、父母です、信仰です、自分の命です……などとさまざまに答えることができます。

しかし、カテキズムは、「最も大切なことは何ですか」と問いかけます。大切なことは、二番目、三番目でよいのではありません。わたしたちが生きるために最も大切なことは、わたしたちの命の与え手、つまり造り主である神さまを知ることです、とカテキズムは断定的に答えます。

言い換えれば、わたしたちは、神さまなしでは存在しないということです。神さまなしでは存在しないという点では、草や花、空の鳥も同じですが、わたしたちは、それらよりも、はるかに価値あるものとして創造されたので、明日のことを思い悩む必要がありません。

神さまにすべてをお委ねして生きるとは、神さま以外のものに第一に依り頼むことをしないということです。自分の持っているもの、お金や才能、地位や誇り、それらは、みな小さな神々となって、わたしたちの心を支配します。本当の神さまに心のどこかで信頼できない思いを持っているから、わたしたちは、神さま以外のものを、小さな神々に仕立てて、依り頼もうとします。パウロが語るように、「神々に奴隷として仕える」（ガラテヤ４・８）とは、そのような状態のことを指します。主イエスは、ご自分を家に迎え入れながら、忙しく立ち働いているマルタに対して言われました。「マルタ、マルタ、あなたは多くのことに思い悩み、心を乱している。しかし、必要なことはただ一つだけである」（ルカ10・41―42ａ）。

最も大切なことが、命を与えてくださった神を知ることであれば、わたしたちは、故郷に戻るように、神さまに立ち帰ることが求められます。放蕩息子は父のもとを離れ、放蕩に身を持ち崩し、すべての財産を失った後、再び、父のもとに帰りました。予想に反して、父は、放蕩息子を受け入れました（ルカ15・11以下）。神さまを知るとは、わたしたちが一度離れてしまった神さまにもう一度立ち帰ることを意味しています。それは、水を失って飢え渇くわたしたち人間が、井戸や水場に戻ってくるように、主を求めて生きることです。

問2　なぜ神さまを知ることが最も大切なのですか。
答　なぜならわたしたちは、神さまを知るために造られたからです。

使徒言行録17・22―27、創世記1・26―31a、創世記2・7―8、21―25、詩編102・19―23、出エジプト31・12―13、ホセア6・1―6、コロサイ1・9―12

わたしたちは、他の被造物と共に、神さまによって創造されました。創世記は、わたしたち人間だけが、神にかたどって、神のかたちに造られたと証言します（創世記1・26―27）。神にかたどって創造されたとは、外面的なかたちが神さまと似ているとかそっくりであるということではありません。神さまは、「光あれ」と語ると光ができたように、言葉を発する存在ですから、その言葉を聞き取り、応答することができるということが、わたしたち人間が、神のかたちに造られた意味です。命のないものは、言葉を発しません。ましてやわたしたちの問いかけに言葉をもって応答することはできません。「神のかたち」とは、人間と神さまとの間に、相互に言葉を交わし、語りかけ、応答する関係が成り立つことを意味しています。

そこで、神さまを知るとは、言葉を語りかけてくださる神さまを知ると言い換えてもよいでしょう。わたしたちを創造された神さまは、言葉を語ることで、ご自分を現し示してくださいます。神さまは、いつまでも不可解で、ミステリアスで、隠れたままではおられません。神さまは、「知られざる神」（使徒言行録17・23）にとどまることはありません。

わたしたちが神さまを知る道は、神さまご自身が準備してくださいます。わたしたちが、祈りによって神さまと対話するとき、神さまの御心を知ることができます。さらに、主に従って歩み、神さまの求める善いわざを行って実を結ぶことで、神さまを知る道が開かれています（コロサイ1・10）。

しかし、これらの道が示されているにもかかわらず、わたしたちは、自らの怠慢と堕落によって、その道を歩むことがほとんどできなくなっているので、神さまは、もう一つの道、しかも、これこそ、決定的に大切な道、すなわち聖書を通してイエスさまを知る道を準備してくださったのです。この道を通って、わたしたちは、主のもとに帰ることができます。わたしたちが見失った神さまのもとに帰る道が示されました。ホセアと共に、「さあ、我々は主のもとに帰ろう」「我々は主を知ろう」（ホセア6・1、3）と声をあげて言うことができます。

第1章　聖書

問3　どうしたらわたしたちは、神さまを知ることができますか。

答　わたしたちはイエスさまを通して、神さまを知ることができます。

ヨハネ14・6―10、ヨハネ1・14―18、Ⅰヨハネ4・7―12、Ⅰコリント1・21―25、ヘブライ1・1―4、コロサイ1・15―20

神さまに創造され、命を与えられたのに、わたしたち人間は神さまに背きました。神さまから離れて、自分勝手に生き、やがて尊大になり、自分自身が神のようにふるまうことを聖書は罪と呼びます。罪ある人間は、「自分の知恵で神を知ることができませんでした」（Ⅰコリント1・21）と言われています。

そこで神さまご自身が、神を知る道を示してくださいました。その道こそ、イエスさまという真理の道にほかなりません。イエスさまご自身が、「わたしは道であり、真理であり、命である。わたしを通らなければ、だれも父のもとに行くことができない」（ヨハネ14・6）と言われました。神さまが、愛する独り子イエスさまをわたしたちの世界に遣わしてくださり、それによってわたしたちは神さまを知り、生きることができるようになりました。そこに、神さまの深いご計画と愛が示されています（Ⅰヨハネ４・７―12）。

イエスさまを通して、神さまを知る道とは、カーナビで、どこどこを経由して、目的地に至ることができるというような便宜上のことではなくて、その道程のすべてにわたしたちを導く愛が満ちている道なのです。この愛の道を辿ることで、本当の神さまの愛を知り、わたしたちの命が回復されます。愛を注いでくださる神さまは、独り子イエスさまを遣わし、この世界に建てられた教会の頭《かしら》としてくださいました（コロサイ１・18）。だから、わたしたちは、神を知るために、教会に来て、共に礼拝をささげます。

問４　それでは、イエスさまのことを何によって知ることができますか。

答　聖書によって知ることができます。

Ⅱテモテ３・14―17、ヨハネ５・36―40、ヨハネ20・30―31、Ⅰコリント15・１―11、使徒言行録17・１―４、ローマ１・１―７、使徒言行録８・26―40

神さまを知る道は、聖書の中に示されています。聖書そのものが、神さまの働きかけ、つまり聖霊の働きによって生まれました。教会では、旧約聖書三十九巻、新約聖書二十七巻、合わせて六十六巻が正典（カノーン）と呼ばれ、わたしたちの信仰の規範として重んじられてきました。正典としての聖書は、教会が定めた規範ではなくて、神さまが、六十六巻の聖書を、教会にプレゼントしてくださったのです。

旧約聖書は、御子の到来を預言し、神さまの救いの約束を告げます。新約聖書は、その預言どおりに、神さまの御子イエスさまが誕生し、ご生涯の最後に死と復活、昇天と高挙《こうきょ》という出来事が起こったことを描きます。そして「この方が、わたしたちの主イエス・キリストです」（ローマ1・4）と証言します。六十六巻の聖書正典は、神さまが定めてくださったのですから、別な文書を加えたり、逆に引き去ることはできません。聖書全体が、神さまの愛と救いを証言する書物として、聖霊の導きのもとで読まれることが大切です。

使徒言行録8章26節以下には、エルサレムからガザに下る道で、弟子の一人フィリポが、エチオピアの高官に出会った物語が書かれています。エチオピアの高官は、エルサレムに礼拝に来て帰る途中でした。彼は、イザヤ書を朗読していました。フィリポは、走り寄って、「読んでいることがお分かりになりますか」と聞くと、高官は「手引きしてくれる人がいなければ、どうして分かりましょう」と答えます。そこでフィリポは、高官が読んでいたイザヤ書53章7―8節の箇所を説き明かし、主イエスについての福音を告げ知らせます。福音の説き明かしを受けた高官は、やがてフィリポから洗礼を受けます。

わたしたちが、聖書の説き明かしである説教を聴いて、罪の悔い改めに至るのは、聖書を通して、神さまがどれほどわたしたちを愛してくださっているかを知るからです。聖書全体が、神さまがわたしたち人間に送ってくださる愛の手紙であると言ってもよいでしょう。聖書を読むことで、神さまの独り子イエスさまと出会うことができます。なぜなら、聖書は、主イエスのご生涯と教え、すべての出来事を証しすることで、わたしたちに救いがどこにあるかを告げる喜ばしい書物だからです。

宗教改革者マルティン・ルターは、聖書は、キリストがそこに眠る飼い葉桶のようなものであると言いました。聖書を読む者は、飼い葉桶に眠るイエスさまとの出会いを経験するのです。この出会いによって、わたしたちは、聖書という飼い葉桶に眠るイエスさまと一つに結ばれて、イエスさまの命を与えられます。

問5　わたしたちは、聖書の言葉をどこで聴くことができますか。

答　教会の礼拝においてです。礼拝で聖書が読まれ、説教がなされるとき、わたしたちは生けるイエスさまと出会います。

ルカ4・14―21、ヨハネ4・21―26、Ⅰコリント14・23―25、Ⅰテサロニケ2・13

聖書は、自分一人でも読むことができます。しかし、自分一人で読んでいては、分からないことばかりでしょう。そこでエチオピアの高官のように、手引きを受けて、この書物の中にキリストがおられることを知るようになります。現代のわたしたちに必要な手引きとは、教会の礼拝の説教で、主の言葉の説き明かしを受けることです。その背後に神さまの導き、聖霊の働きがあります。聖霊の働きによって、御言葉は預言として、わたしたちに理解できる言葉として伝達されます。預言は、異言とは違って、信じる者たちの証言であり、預言を聴く者の罪を明らかにして、「ひれ伏して神を礼拝し、まことに、神はあなたがたの内におられます」という信仰の告白へと導きます（Ｉコリント14・25）。

そこで、教会が主の日ごとにささげる礼拝は、わたしたちが聖書の言葉を福音として聴く、最も大切な時と場所となります。礼拝において、聖書が読まれ、説教されると、わたしたちは今も生きているイエスさまに出会います。御言葉の説教は、人の言葉ではなく、神さまの言葉として受け入れられます（Ｉテサロニケ２・13）。

わたしたちのプロテスタント教会は、御言葉の説教を何よりも重んじてきました。大人の礼拝も子どもの礼拝も、説教によって立ちもすれば倒れもするのです。わたしたち人間のつたない言葉が、神さまの霊の働きによって、生きた神の言葉となるからです。

第2章　創造と堕落・人間の罪

問6　聖書は、わたしたちの世界と人間についてどのように語っていますか。

答　わたしたちの世界は、神さまによって何もないところから善いものとして造られました。特に人間は、神の似姿として造られました。

創世記1・1―31、詩編8・4―10、エフェソ4・21―24、コロサイ3・10、詩編19・2―7

神さまは、天地の造り主です。創世記1章によれば、神さまが「光あれ」と言うと、光が造られます。「水と水とを分けよ」と命じると、そのようになります。神さまは、ご自分の言葉によって、世界を創造し、天と地のあらゆるものに名をお与えになり、それらを支配されます。神さまの支配とは、わたしたちを愛し、慈しんでくださるがゆえに、いつも被造物全体に目を留め、御心にかけてくださることです。詩編8編7節には、神さまがその「御手によって造られたものをすべて治めるようにその足もとに置かれました」と書かれています。

被造物の中で、神さまのかたちに造られた人間は、特に神さまが御心に留め、顧みてくださる存在です。そこで、わたしたちは、いつも神さまの創造の初めにわたしたちに与えられた「神のかたち」を回復して、新しく生きることを目標にしています。

自分のだらしなさ、自分の罪、自分の悪に気づくことがあるでしょう。そのような時に、神さまに祈りをささげ、神さまに立ち帰りましょう。そうすると、以前のような生き方ではなく、新しくされて、「神にかたどって造られた新しい人を身に着け」（エフェソ4・24）、清い生活を取り戻すことができます。この新しさは、わたしたちが造り出す新しさではなくて、創造の初めに神様がわたしたちに与えてくださっていた新しさの回復です。

問7　人間はそのような善いものとして生きていますか。

答　いいえ、人間は、神さまに背いて、善いものとして生きることができなくなりました。それが罪です。

創世記3・1—19、創世記4・1—16、創世記11・1—9、出エジプト32・1—6、イザヤ5・1—4、ローマ7・13—25

わたしたちは、古い自分が死んで、新しい人を身に着けて生きたいと願います。神さまと共に、神さまの前に生きたいと思います。

しかし、わたしたちの悪い心、邪《よこしま》な思いは、良く生きたいと願うのとは正反対の方向へ、わたしたちを突き動かします。創世記は、そのような有様を、人類の始祖であるアダムとエバの堕落の物語に描いています。

アダムとエバは、最初に創造された人間です。彼らには、神さまの前に生きる恵みと自由が与えられました。エデンの園で、自分の意志に基づいて、善と悪を選択して生きることができました。しかし、やがて、この自由さは失われてしまいます。

発端は、蛇がエバを誘惑したところにあります。エデンの園で自由に生きることができた人間に、神さまは、たった一つの命令を与えます。それは、「善悪の知識の木からは、決して食べてはならない。食べると必ず死んでしまう」（創世記2・17）というものでした。蛇はエバに言います。「園のどの木からも食べてはいけない、などと神は言われたのか」。するとエバは蛇に答えます。「わたしたちは園の木の果実を食べてもよいのです。でも、園の中央に生えている木の果実だけは、食べてはいけない、触れてもいけない、死んではいけないから、と神様はおっしゃいました」。

この創世記3章が描く、蛇とエバの会話は、人間が神さまのご命令と戒めをどのように捻じ曲げていくかをよく表しています。神のご命令は、「善悪の知識の木からは、決して食べてはならない。食べると必ず死んでしまう」という単純なものでした。

しかし、蛇は、後半の食べると死ぬという言葉を、前半の言葉の条件にします。食べてはいけないのは、死ぬからであって、死ぬことがないのであれば、食べてよいではないかと誘惑します。蛇は、善悪の知識の木から食べると、かえって目が開け、神のようになるとけしかけます。

ここから聖書が語る、人間の罪の現実が明らかになります。罪とは、盗みや殺人などの犯罪と同義ではありません。罪とは、わたしたちの悪しき行い、犯罪の根底にあって、人間を歪めているものです。パウロは、罪を「善をなそうという意志はありますが、それを実行できない」（ローマ７・18）と表現しました。わたしたち人間が、「自分の望む善は行わず、望まない悪を行っている」事態であります（同７・19）。アウグスティヌスやカルヴァンは、人間の罪（原罪）を「人間存在の歪み」として捉えました。幼子もまた、罪をもって産み落とされ、神さまの赦《ゆる》しを必要とすると考えて、小児（幼児）洗礼を実践しました。

原罪は、アダムとエバ以来のわたしたち人間のあり方です。人間は自由な意志によって、神さまに向かうことも背くこともできるのですが、存在が歪んでしまったために、重さを正しくはかることができない天秤のようなものとなってしまいました。善悪をはかる天秤の台座が歪んでしまったために、善悪の基準（分銅）がいくらあっても、正しくはかれないのです。人間は原罪を負うことによって、神を目標に生きることができず、神ならぬものを神としてしまいます。イスラエルの民は、繰り返し、偶像崇拝の罪を犯しました。ある時は、各自の装飾品を差し出して、自分たちが拝むべき金の子牛を造り崇拝しました。またある時には、エルサレムの神殿に偶像を置いて拝むこともしました。

わたしたち人間は、神さまが植えてくださった木のようなものですが、イザヤ書５章２節が語るように、酸っぱいぶどうだけが実る惨めな存在です。しかし、天地の造り主である神さまは、わたしたちの救いのために、罪を赦し、豊かな実りを与えてくださいます。

問8　わたしたちは何によって罪を知りますか。

答　神さまがくださった律法によってです。

ガラテヤ3・19、ローマ3・20、ローマ7・7―12、ローマ5・12―13

わたしたちは、自分の怠惰やふがいなさによって、自分の弱さや不十分さ、惨めさを自覚させられることがあります。あるいは、他人から指摘されて、自分の至らないところや欠点に気づくこともあるでしょう。

神さまの前に生きるわたしたちは、神さまの律法、つまりご命令によって、初めて、自分は律法どおりに生きることができない存在であることに気づきます。「殺すな、盗むな、姦淫するな……」という神さまの戒めを聞いて初めて、わたしたちは、本心ではそのように生きられない自分を知り、自分の罪を知らされます。パウロは、「律法は、約束を与えられたあの子孫が来られるときまで、違犯を明らかにするために付け加えられたもので、天使たちを通し、仲介者の手を経て制定されたものです」（ガラテヤ3・19）と書いています。

「約束されたあの子孫」とは、主イエス・キリストのことです。律法とは、主イエスが到来するまで、わたしたちが守るべき掟であり、神さまから与えられた規範です。わたしたちが、神さまの前で義とされるのは、主イエス・キリストを信じる信仰によります。律法の行いによって、わたしたちが義《ただ》しいと認められるわけではありません。言い換えれば、善い行いをたくさん重ねると、神さまがわたしたちを認めて罪を帳消しにしてくださるのではありません。律法によっては、罪の自覚しか生じません。しかし、罪の自覚を与えられた人間は、罪赦されて生きることを、すなわち救いを心から待ち望みます。

そういうわけで、律法や掟は聖なるもの、善いものです（ローマ7・12）。律法は、わたしたちをキリストへと導く養育係なのです。律法なしに、キリストの福音の恵みを知ることはできません。

問9　罪を犯さない人間はいますか。

答　いいえ、いません。わたしたちは皆罪人です。

詩編14・1―3、イザヤ59・1―10、エレミヤ8・4―13、ヨブ42・1―6、マルコ14・27―31、ローマ5・12

罪を犯さない人間はいません。犯罪とは程遠い正直で誠実な人々は、大勢いるでしょう。しかし、そのような人々も、神さまの言葉に背かず、神さまを愛し、神さまを中心に常に生きているかと問われれば、答えは「否」となるでしょう。

アダムとエバのように、わたしたちも神に背き、神から離れて身を隠して生きようとします。その結果、まことの神さま以外のものを神に仕立て、それに仕える生き方をしてしまいます。ひとたび試練に襲われると、「神さまなんていない」「わたしは神さまから離れてもっと自由に生きたい」と思い込みます。
イザヤ書59章には、わたしたちが神さまに立ち帰るのを妨げるものが列挙されています。そこでは、主なる神に問題があるのではなくて、わたしたちの内に妨げの原因があることがはっきりと語られています。「むしろお前たちの悪が、神とお前たちとの間を隔て、お前たちの罪が神の御顔を隠させ、お前たちに耳を傾けられるのを妨げているのだ」（イザヤ59・2）。さらにエレミヤ書8章6節では、「自分の悪を悔いる者もなく、わたしは何ということをしたのかと言う者もない」と語られます。

罪を犯す人間は、そうせざるを得ないことをしているだけだと考えて、むしろ善いことをしているという錯覚のもとで、罪を犯します。だから罪の自覚もありません。罪の結果生じた悪を悔いることもないのです。聖書は、人間の罪の深刻さを、善いことをしようとしている人間の中にある、自己中心と自分を神のように考えてしまう現実に見ています。

このような罪を明らかにして、人間に悔い改めを起こすのは、神ご自身をおいて他にありません。ヨブは、ゆえなくして与えられた苦難の中から、神に呼ばわり、神と対決します。ヨブの友人たちも、代わる代わるヨブに尋ね、現在のヨブの苦難を「因果応報」という思想によって説明し、ヨブを納得させようとします。

しかしヨブは、その説得に耳を傾けません。ヨブが神と出会うのは、神ご自身が、暴風の中から、ヨブに語りかけたときでした。最後にヨブは神に向かって言います。「あなたのことを、耳にしてはおりました。しかし今、この目であなたを仰ぎ見ます。それゆえ、わたしは塵と灰の上に伏し、自分を退け、悔い改めます」（ヨブ42・5―6）。

罪を犯す人間の現実は、主イエスの弟子となった人々にものしかかりました。舟と網を捨てて、主イエスに従ったガリラヤの漁師たちもまた信仰の揺るぎない確信を持っていたのではなくて、最後には主イエスを裏切る罪人であることが明らかになります。しかし、彼らもまた、主イエスの苦難と死、復活を通して、主イエスにおいて現された父なる神の深い愛を知ります。罪赦された人間として、神の恵みを伝える伝道へと押し出されていきます。こうして、アダムにおいて人間に入り込んだ罪は、キリストによって赦され、わたしたち人間は、罪と死の体が滅び、救われるまったく新しい経験を与えられます。

第3章　救い　イエス・キリスト

問10　どうしたら罪人のわたしたちは救われますか。

答　神さまがわたしたちに与えてくださったイエスさまによって救われます。

マルコ2・13—17、ローマ3・21—26、ローマ5・8—9、ローマ8・1—4、Ⅱコリント5・16—21、コロサイ1・19—20、Ⅰテモテ1・15—17

神さまから離れていくわたしたちは、イエスさまを通して、もう一度、父なる神さまのもとに立ち帰ることができます。神さまのところに帰ることが救いです。人間が義しいとされることです。イエスさまは、わたしたち罪人を招いておられます。神さまの招きは、すべての人に向けられています。主イエスは、皆から忌み嫌われていた徴税人や罪人を招き一緒に食事をしました。この有様を見て、ファリサイ派の律法学者が非難したとき、主イエスは言われました。「医者を必要とするのは、丈夫な人ではなく病人である。わたしが来たのは、正しい人を招くためではなく、罪人を招くためである」（マルコ2・17）。

イエスさまに招かれたわたしたちが、イエスさまこそキリスト（救い主）であると信じるとき、わたしたちは、神さまによって義と認められます。そこには何の差別もなく、罪ある人間が、ただキリスト・イエスの贖いのわざによって、神の恵みにより無償で義とされます（ローマ3・25）。

わたしたちを無償で義としてくださるとは、わたしたちが返済すべき償いの行為は不要であるということです。罪赦されるために、わたしたちは、ただイエスさまをキリストと信じ、イエスさまにおいて表された神さまの恵みを受けるだけで十分です。救われるためには、良い人間になることが必要条件ではありません。神さまの言葉を聴いて、それを信じ悔い改めて神さまに立ち帰ることが大切です。キリストは、わたしたちがまだ弱かった頃に、不信心な者のために、十字架上で死んでくださいました。そこに、父なる神さまの無償の愛がすでに示されています。罪人のわたしたちは、神さまが与えてくださったこの御子イエスさまの十字架の死と復活によって救われます。

十字架の主イエスは、死んで葬られ、三日目に復活されました。さらに天に挙げられ、今もわたしたちと共に生きて働いてくださいます。この生ける主イエスが、わたしたちを片時も見捨てずに、命を与え続けてくださるのです。

復活し、高挙《こうきょ》された主イエスと結ばれるとき、言い換えれば、肉に従って主イエスを知るのではなくて、主の霊によって主を知るとき、わたしたちは、キリストにあって、新しく創造された存在となります（Ⅱコリント5・17）。新しく創造されるとは、罪の体が一度死んで、キリストの義の体をいただいて、新たに甦ることです。罪人の中で最たる者であっても、主イエスの招きを受けることができます。御子イエス・キリストは、わたしたちが信じる時まで、忍耐しておられます（Ⅰテモテ1・16）。

御子を信じて永遠の命を得ることができる約束の中を生きる者が、教会に集められたわたしたちです。

問11　イエスさまは、どのようなお方ですか。

答　イエスさまは、まことの神であり、まことの人であるお方です。

マタイ14・22―33、ヨハネ1・1―14、ヨハネ8・54―59、ローマ1・1―4、フィリピ2・6―11、ヘブライ5・6―10

イエスさまは、ユダのベツレヘムでマリアの子として生まれ、ガリラヤのナザレでお育ちになりました。マリアは聖霊によって、主イエスを身ごもります。つまり、イエスさまは、マリアを母とするまことの人としてお生まれになりました。

主イエス・キリストが、神の御子でありながら、まことの人であったことは、聖書全体が証言するところです。主イエスは、湖の上を歩くこともできました。嵐の海を叱り、鎮めることもできました。また、ガリラヤでは、大勢の病人を癒し、悪霊を追放して、神の子としての力をお示しになりました。

イエスさまが、神の子としての力を発揮されたのは、人としては、つまり肉によれば、ダビデの子孫から生まれた方ですが、聖なる霊によれば、つまり神の力を受けた存在として、「死者の中からの復活によって力ある神の子と定められた」（ローマ1・4）からです。この方こそが、わたしたちの主イエス・キリストです。

かくして、イエスさまは、まことの神であり、まことの人であるお方です。教会は、この聖書の信仰に立ち、この信仰を守るために、古来、戦ってきました。まことの神である方、天におられ、神の右に座しておられる方が、僕《しもべ》の身分になり、人間と同じ者になられました（フィリピ２・７）。しかも、へりくだって、死に至るまで、それも十字架の死に至るまで従順であられました。「このため、神はキリストを高く上げ、あらゆる名にまさる名をお与えになりました」（フィリピ２・９）。

キリストが従順であられ、完全な者となられたので、ご自分に従順なすべての人々に対して、永遠の救いの源となり、メルキゼデクに等しい大祭司と呼ばれるようになります（ヘブライ５・10）。

メルキゼデクに等しい祭司とは、詩編110編４節が証言する祭司の中の祭司です。主イエス・キリストは、まことの祭司として、わたしたちの罪を執り成し、ご自分を犠牲としてささげて、父なる神の怒りを宥めてくださいました。しかも、主イエス・キリストは、まことの神であるお方なので、ご自分を清めるために、犠牲をささげる必要がありません。ただひたすら、わたしたちのために、十字架の苦難と死を耐え忍び、わたしたちの罪の赦しを実現してくださった方なのです。

問12　イエスさまの地上での働きはどのようなものでしたか。

答　イエスさまは、預言者、祭司、王として働かれました。

マタイ４・23―25、マタイ17・１―８、マルコ１・21―28、ルカ４・16―24、ルカ７・11―17、ルカ19・28―38、ルカ23・32―43、ヘブライ７・24―28

イエスさまは、祭司としてだけでなく、預言者、そして王としても働かれました。王は、わたしたちの世界を統治し、支配される方のことです。この世の王は、軍隊や権力をもって支配しますが、主イエス・キリストは、愛をもって統治されます。主イエスが、ガリラヤ伝道において、病人を癒し、悪霊を追放し、奇跡を行ったのも、この世での力を示して人々を支配するためではありません。イエスさまは、わたしたちに対する愛と憐れみゆえに、休むことなく、まどろむことなく働かれたのです。

地上の生涯の中で、イエスさまは、神の御子としての特別な王であることを示されたことがあります。マタイによる福音書17章1節以下に記されているように、ガリラヤの山に上られたとき、主イエスの姿が変容して、「顔は太陽のように輝き、服は光のように白くなった」(マタイ17・2)とあります。それは、イエスさまが死よりの復活によって示されるご自分の神の御子としてのお姿、言い換えれば、この世界を超えたまことの王としてのお姿の片鱗を地上で示された瞬間でした。このように王としての権威を持つ方として、主イエスは、人々を教え、導かれました。

しかし、イエスさまがまことの王であることは、ダビデやソロモンのような地上の権力や権威によって示されることはありませんでした。イエスさまは、愛によって人々を支配し、むしろこの世界の力を断念するところに、ご自分の王としてのお姿を現されました。

それは、イエスさまが、十字架にかけられたとき、「イスラエルの王、今すぐ十字架から降りるがいい。それを見たら、信じてやろう」(マルコ15・32)という祭司長や律法学者の言葉によく現れています。まことの王であるイエスさまは、この世の権力を行使するのではなくて、むしろそれを断念して、自己犠牲という愛によって、まことの王であることをわたしたちの世界に示されたのです。

問13　イエスさまの地上での権威はどのようなものでしたか。

答　神のひとり子として、奇跡を行い、悪霊を追い出し、病を癒《いや》す力と権威をお持ちでした。

マタイ８・５―13、マルコ５・１―20、ルカ４・38―41、ルカ５・17―26、ルカ11・14―23、ヨハネ５・１―18

イエスさまは、地上での活動、教え、奇跡を通して、特別な権威を持っていることを示されました。病人の癒し、悪霊に取り憑かれた人の癒し、自然をも従わせる奇跡など、わたしたちの世界を超えた力を発揮されました。これらの特別な力あるわざは、ただ人々を驚かせ、ご自分に従わせるためではなく、病人や悪霊に憑かれた人々を深く憐れみ、愛されたゆえに実行されました。イエスさまにおいては、神の御子としてのまことの力は、常にご自分の愛と慈しみと結びついています。

イエスさまは、わたしたち人間を愛するがゆえに、人間を苛《さいな》み、苦しめる病や悪霊と戦い、せめぎ合いました。主イエスは、それらで苦しんでいる人々の傍らを見て見ぬふりをして通り過ぎる方ではありません。善きサマリア人のように、瀕死の重傷を負った旅人に近寄り、介抱し、近くの宿屋まで運んでくださる方です（ルカ10・25以下）。つまり、イエスさまの権威は、人々を権力によって支配することではなくて、愛によって人々に仕えるところにあります。
愛に裏付けられたまことの権威は、わたしたち人間の罪を赦すところに最もよく現れます。主イエスが、ある安息日に、ベトザタの池の傍らで、三十八年も病気で苦しんでいる人を見て、「起き上がりなさい」と声をかけ、そのようになったとき、その行為もまた、罪の赦しの出来事でありました（ヨハネ5・8）。

問14　イエスさまはどのようなことを教えられましたか。

答　神さまを信じることの幸いと、神と人を愛して生きる道を教えてくださいました。

マタイ5・1―11、マタイ22・34―40、マタイ25・31―46、マルコ8・34―38、ルカ10・25―37、Ⅰヨハネ4・7―12

イエスさまは、ガリラヤの海辺や丘で、弟子たち、群衆たちに、神の国の到来を宣べ伝え、神の国にふさわしい人間の生き方を教えられました。マタイによる福音書5章1節以下には、主イエスが山に登って弟子たちに教えられた内容が記されています。
イエスさまは、「心の貧しい人々は、幸いである」「悲しむ人々は、幸いである」「柔和な人々は、幸いである」「義に飢え渇く人々は、幸いである」……と教えられました。ここには、わたしたちが地上で幸いと思われるものは何一つ入っていません。イエスさまは、「地位や名誉、お金を得る人々が幸いである」とは教えられませんでした。

主イエスの教えは、神さまを信じる者に約束されているものこそが、まことの幸いであると教えます。心の貧しい者には天の国が、悲しむ人々には慰めが、義に飢え渇く人々には義が与えられると教えられました。

さらにイエスさまは、一人の律法の専門家から、律法の中で、どの掟が最も重要であるかを尋ねられたとき、「心を尽くし、精神を尽くし、思いを尽くして、あなたの神である主を愛しなさい」という申命記6章5節の言葉をもって答えられました。さらに第二の掟として、「隣人を自分のように愛しなさい」（ルカ10・27）と語られました。さらに「律法全体と預言者は、この二つの掟に基づいている」（マタイ22・40）と明言されました。

つまり、主イエスは、神と人とを愛することをもって、律法の全体とされたのです。さらに、地上でのイエスさまは、ご自分が語られた教えを文字どおり生き、実行してくださいました。わたしたち人間の罪を赦すために、ご自分が神のさばきと怒りを受け止めて、十字架の苦難の道を歩んでくださいました。この主のお姿は、わたしたちの模範となります。主イエスがご自分の死と復活を予告したとき、それを諫めたペトロを叱った後、群衆と弟子たちに向かって、「わたしの後に従いたい者は、自分を捨て、自分の十字架を背負って、わたしに従いなさい」（マルコ8・34）と命じました。

十字架の苦難を引き受けてくださったイエスさまによって、わたしたちは、初めて父なる神の愛を知ります。なぜなら、御父なる神は、独り子を世に遣わし、それによってわたしたちの罪を贖い、清めて、わたしたちを生きるようにしてくださるからです。わたしたちが神を愛したのではなく、神がまずわたしたちを愛して、罪を償う犠牲となってくださいました。ヨハネの手紙一4章10節は、「ここに愛がある」とはっきりと宣言します。

問15　神さまの救いは、どのようにして明らかになったのですか。

答　イエスさまのご生涯を通してです。イエスさまは、わたしたちの罪を赦してくださるためにこの世に来られ、十字架にかかって死なれ、わたしたちに新しい命を与えるために復活されたのです。

マタイ1・18―25、ルカ24・36―49、使徒言行録2・29―36、ローマ4・24b―25、エフェソ2・4―8、フィリピ2・6―11

神さまの救いは、イエスさまの全生涯を通して明らかになります。イエスさまの受肉、ガリラヤ伝道、そして苦難と死、復活、高挙、これらは、すべてわたしたちの罪の赦しのためでありました。神の右にいまし、神と等しい御方が、わたしたちとまったく同じ肉体をとって、わたしたちの世界にお生まれになった出来事が受肉です。イエスさまは、神の子として、聖霊によってマリアの胎に宿ります。そしてマリアを母として生まれました。人間の男子の介入なしに誕生したイエスさまこそ、まことの神でありまことの人である方として、わたしたちの世界を生き抜きました。

イエスさまが、十字架を負って、苦難と死を経験されたことは、イエスさまが、人として仮の姿をとったのではなく、正真正銘の人であったことを示します。まことの人として、わたしたちと同じ苦難と死の恐れと現実を経験してくださった方が、死に勝利し、復活させられました。さらに復活して弟子たちにご自分を現したイエスさまは、皆の見ている前で、天に昇られました。イエスさまは、神の右に挙げられ、約束された聖霊を今も注いで、わたしたちを助け、執り成してくださいます。

わたしたちは、主イエスを死者の中から復活させた方を信じることによって、わたしたちも義とされ、救いへと約束されます。こうして、罪のために死んでいたわたしたちが、キリストと共に、キリストと結ばれて、もう一度新たに生きることができます。わたしたちは、恵みにより、信仰によって救われます。

まことの救いは、イエス・キリストのご生涯を離れては実現しません。それほど、キリスト教信仰とイエスさまの地上のご生涯とは密接不可分なものであります。

第4章　使徒信条

問16　どうしたらイエスさまを信じることができますか。

答　教会につながることです。

マタイ16・13―20、使徒言行録2・37―42、エフェソ1・20―23

イエスさまについて語り続け、証言し続けるところが教会です。教会は、イエスさまこそキリスト（メシア＝救い主）という信仰の告白の上に建てられています（マタイ16・18）。このことは、イエスさまご自身が、使徒たちに求めたことです。教会が信仰告白の上に建てられているとは、教会の土台は、イエスさまへの信仰以外にはないということです。人間の熱心さや交わり、人々が集まって得られる益などが教会を形作る原動力ではありません。

使徒言行録2章1節以下には、教会の誕生の出来事、聖霊降臨（ペンテコステ）の出来事が描かれています。それによれば、五旬節の日に弟子たち一同が集まっていると、突然激しい風が吹いてくるような音が天から聞こえ、家中に響きました。そして炎のような舌が分かれ分かれに現れ、一人一人の上に留まります。すると一同は聖霊に満たされ、霊の導きでさまざまな言語で語り始めます。

　この出来事は、地上の目に見える教会が、人間の力や熱意ではなくて、神さまの力である聖霊によって生み出されたことを示しています。言い換えれば、教会の基礎は、天にあり、その頭《かしら》は、復活し天に挙げられたキリストです。神さまの右におられるキリストが支配し、キリストの体として存在する教会に、わたしたちがつながって、そこで、神さまのこと、イエスさまのことを、聖霊の導きのもとに聞くことができます。

　教会は、イエスさまこそキリストであるということを伝え、証言することを止めてしまえば、ただちに教会でなくなってしまいます。もちろん、教会自体が、汚れのない、清らかな集団というわけではありません。教会には、さまざまな欠けや罪が入り込むこともあります。教会に属する者も、神さまの最後の審判に直面させられます。わたしたちが、教会内の「良い麦」と「悪い麦」、つまり神さまに選ばれている人々とそうでない人々を見分けることはできません。それは神さまにお委ねするほかはありません（マタイ13・30）。

　しかし、地上の教会は、福音伝道を続け、イエスさまこそわたしたちの罪の贖い主、生ける神の子であると証言するために、最もふさわしいあり方を終わりの日まで模索し続けます。そのような意味で、教会は、神さまの言葉によって改革され続ける信仰者の群れであると言うことができましょう。

問17　教会の信仰は、何に言い表されていますか。

答　それは、使徒信条に言い表されています。

ローマ6・17―18、ローマ10・9―13、Iコリント15・1―11、ヘブライ4・14

使徒信条は、使徒の名が用いられていますが、直接に使徒が書いたり、まとめたりしたものではありません。古代ローマ帝国の時代に、なお迫害下にあった教会が、聖書から大切な信仰箇条をまとめ、この信仰によって洗礼を執行し、教会共同体の形成の原動力としました。

古代の教会は、三世紀初頭になると、洗礼志願者のために、洗礼の準備をする制度を整えていきます。当時は、洗礼志願者として認められると、二年間から三年間かけて、信仰の学びを行いました。最後に、洗礼を授ける司教から、口で直接、信仰箇条を教えられ、それを暗唱することが求められました。

この暗唱すべき信仰箇条は、洗礼式の際に、洗礼を授ける言葉に由来しています。洗礼式の当日に、洗礼志願者は流れる水のほとりに導かれました。そこで司祭は、志願者に、「あなたは全能の父なる神を信じますか」「あなたは処女マリアから生まれ、十字架につけられ、死んで葬られ、三日目に復活して天に挙げられたイエス・キリストを信じますか」「あなたは聖霊を信じますか」と問いました。洗礼志願者は、そのつど「信じます」と告白し、水に浸されました。この洗礼式で使用された信仰の言葉が、洗礼志願者教育でひと結びの信仰告白にまとめられ、現在の使徒信条の起源となったと考えられています。

つまり、使徒信条は、主イエス・キリストが制定され、教会が古代から実践してきた洗礼式にさかで用いている使徒信条には言い表されています。

問18　使徒信条は何を伝えていますか。

答　父なる神、子なる神イエス・キリスト、聖霊なる神を伝えています。

マタイ28・16―20、ヨハネ16・7―15、ローマ8・26―30、Ⅱコリント4・7―15、エフェソ1・11―14、Ⅱテサロニケ2・13―17

使徒信条は、父なる神、子なる神イエス・キリスト、聖霊なる神を伝えています。父・子・聖霊なる神さまは、三位一体の神と呼ばれてきました。三位一体なる神への信仰は、聖書にはっきりと示されています。マタイによる福音書28章19節によれば、復活された主イエスは、弟子たちを伝道に派遣する際に、「あなたがたは行って、すべての民をわたしの弟子にしなさい。彼らに父と子と聖霊の名によって洗礼を授け、あなたがたに命じておいたことをすべて守るように教えなさい」と命じられました。父なる神と御子イエス・キリスト、聖霊は、それぞれ固有の名を持ちながら、一つの神さまです。この神さまの名を伝えるために、キリスト教会は建てられました。使徒たち、その後のすべてのクリスチャンの働きが生まれました。

神さまは、わたしたちの世界を遥かに超えた全能なる方ですが、わたしたちの世界に愛する御子イエスさまを遣わし、さらにイエスさまが昇天した後は、「弁護者」である聖霊を送ってくださって、働き続けてくださいます。この聖霊の働きによって、わたしたちは、唯一なる神さまが、御子イエスさま、聖霊と等しい方であることを知らされます。

神さまは三位一体の神さまであるゆえに、永遠で全能であることを一切失うことなく、人となって、わたしたちと同じ肉体をとり、ご自分の霊（聖霊）もまた、「言葉に表せないうめきをもって執り成してくださる」（ローマ8・26）のです。神さまは三位一体の神であるゆえに、イエスさまは神さまであることを止めることなく、わたしたちの死をも引き受け、わたしたちの命に働き、わたしたちがイエスさまと一つになることを許してくださいました。そこで、わたしたちが「四方から苦しめられても行き詰まらず、途方に暮れても失望せず、虐げられても見捨てられず、打ち倒されても滅ぼされない」（Ⅱコリント4・8―9）のは、神の力を与えられ、クリスチャンとして本当の希望をもって生きることができるからです。キリストと一つに結ばれて、わたしたちは、かつては罪の中に死んでいましたが、今や神の力によって新しくされ、キリストの命に生きることができます。

問19　「天地の造り主」を信じるとは、どういうことですか。

答　目に見えるものも見えないものもすべてが神さまによって造られ、そのすべてのものが神さまのものであると信じることです。

第４章　使徒信条

創世記１・１、イザヤ40・27―31、詩編８・２―10、詩編95・１―７、使徒言行録17・23―25、コロサイ１・16

神さまは、世界とそこにあるすべてのものをお造りになりました。創世記１章には、光が造られ、水と大空が分けられ、大地と海が造られ、植物と動物、太陽や月、星、そして最後に人間が創造されたと記されています。神さまは、目に見えるものだけでなく、光や風、空気、そして人間の息や心、魂、そして天使など目に見えないものをもすべてお造りになりました。

創造主である神さまは、お造りになったすべてのものを愛してくださいます。野の花や空の鳥も、神さまの愛のうちに美しく生きています。特に、わたしたち人間は、神さまにかたどって創造されました。神のかたちに創造されているので、わたしたちが神さまに呼びかけると、神さまは必ず答えてくださいます。神さまとわたしたち人間の間には、言葉を介して、応答し合う関係が与えられたのです。応答し合えるということは、わたしたち人間にとって、どれだけすばらしいことでしょうか。

応答し合えるとは、わたしたち人間が、神さまに祈りや感謝をささげると、神さまは必ず答えてくださることを意味します。神さまは、わたしたちが祈り願うとき、沈黙したままではないのです。

わたしたちと応答関係にある神さまは、自然の一部であったり、自然の中にひそかに住まっている方ではありません。神さまは、「手で造った神殿などにはお住みになりません」（使徒言行録17・24）。わたしたちの自然や世界よりも、はるかに偉大で、自然と世界を超えておられるのが神さまです。しかも神さまは、わたしたちの世界とそこにあるすべてのものを愛しておられるので、植物も動物もその命のすべてを養い、育ててくださるのです。そして神のかたちに創造されたわたしたち人間を他の被造物にまさって愛し、この世界の被造物を治める役割を与えられました（詩編8・7）。「治める」とは、力で支配することではなくて、神さまの愛する被造物全体の保持に責任を持ち、そのために奉仕する役割のことです。

神さまが、天地創造にあたって、わたしたちを特別に愛してくださったのですから、わたしたちが神さまの愛にお応えするのは当然のことでしょう。詩編95編は、天地を創造し、統《す》べ治めてくださる神さまへの賛美の声が満ちています。「わたしたちを造られた方、主の御前にひざまずこう。共にひれ伏し、伏し拝もう」（詩編95・6）。

天地創造において、神さまがわたしたちの世界とわたしたち人間に示してくださった深い愛は、神さまの独り子イエスさまの世界への派遣によって一層明らかになりました。世界が造られる前から、御子イエス・キリストは、神のみもとにおられ、神さまの天地創造に加わりました（コロサイ1・16）。ですから天地創造の奥義は、万物が御子イエス・キリストによって、御子のために造られたと言うこともできます。言い換えれば、神さまの天地創造のご計画は、初めから御子の派遣と結びついて、創造された世界への愛と関与を続けようという決意のもとになさったと言えます。この神さまの愛に対して、わたしたちは賛美と感謝で応答します。わたしたちこそ、天地の造り主である神さまを真っ先にたたえるのです。

問20　「全能の神」を信じるとは、どういうことですか。

答　神さまにできないことは一つもないと、信じることです。人の力では愛せない者にまで、神さまのすべてを与えてくださるほど、神さまは自由で偉大な力を持っておられます。

創世記18・9―15、ヨブ42・2―6、イザヤ57・15―19、ホセア11・8―11、マタイ19・23―26、ルカ1・26―38

天地を造られた神さまは、「全能の神」です。全能とは、神さまがスーパーマンのように何でもおできになる力のことではありません。わたしたちには不可能であると思われることを可能にしてくださる神さまのご意志と愛の大きさと測りがたさが、全能という言葉には込められています。

神さまは、わたしたちを愛してくださったゆえに、御子イエス・キリストをわたしたちの世界に送ってくださいました。これが、神さまの全能ゆえになされた出来事です。また、神さまは、イエスさまをマリアというガリラヤのおとめから生まれさせてくださいました。わたしたちを罪から救うために「神にできないことは何一つない」（ルカ１・37）という天使ガブリエルの言葉が、全能の意味を表しています。

旧約聖書の創世記18章に記されているように、アブラハムには、年老いても子どもが与えられませんでした。しかし、あるとき、天使がやって来て、来年の春、アブラハムとサラに男の子が与えられると告げます。サラは思わず笑ってしまいますが、神さまは、お告げどおりに、アブラハムとサラの間に男の子を授けたのです。二人は、生まれた子どもをイサク（笑い）と名づけました。

神さまは、わたしたちを愛するがゆえに、約束してくださったことを実現しようと、ご自分の全能を用いられます。神さまの力は、ご自分の力を見せびらかすために発揮されるのではありません。ここに、わたしたちの力と神さまの力の決定的な差異があります。わたしたちが、神さまの全能に気づくとき、ヨブのように、わたしたちは自分の力と知識の小ささを悟り、「自分を退け、悔い改めます」（ヨブ42・6）。神の前にへりくだり、打ち砕かれた心を持つ人間に、神さまは命を与えられます（イザヤ57・15）。神さまの全能を目撃した者は、不可能が可能になる驚きを、ちょうどアブラハムとサラのように、笑いをもって表現するほかはありません。

そこで、神さまを信じるなら、自分もスーパーマンのように全能になれると考えることは罪です。神さまを全能であると信じる者は、神さまの前に深くへりくだり、自分にはまったくない可能性をもって、不可能を可能にしてくださる神さまへの畏れを感じるはずです。

わたしたちは神の全能を信じて、全能なる神の愛とご意志に応えて生きるように招かれています。マザー・テレサは、自分は神さまの手に握られた小さな鉛筆のようなものだと言いました。神さまの御手が動くままに、わたしたちは動かされて、紙の上に文字を書きます。どんなに小さなわたしたちであっても、手のひらの上の鉛筆のように用いられて、神さまのご意志と愛が明らかにされることはあるのです。

神さまの独り子イエス・キリストもまた全能なる方です。天地万物を創造し、神と等しい方であるのに、わたしたちの世界に誕生し、しかも己を低くして、僕のかたちをとって、わたしたちに仕え、わたしたちのために命をささげてくださいました。
神の御子が、神と等しい方であるにもかかわらず、ご自分を徹底的に低くされたというところに、神の全能は最もよく示されています。

問21　なぜ、神さまを「父」と呼ぶのですか。

答　全能の神さまは、イエス・キリストの父です。そして、イエスさまがわたしたちを、ご自分の兄弟姉妹として迎え入れて、神さまの子どもとしてくださったからです。

詩編２・７、マタイ６・６―９、マルコ９・２―８、ルカ15・14―24、ローマ８・14―17、Ｉコリント８・５―６、ガラテヤ３・26

神さまを父と呼ぶことができるのは、神さまの独り子であるイエスさまだけです。しかし、わたしたち人間は、自分の父を「お父さん」と呼ぶのと同じように、天の神さまを「父よ」と親しく呼ぶことが、神さまの恵みによって許されています。
神さまは、「アッバ、父よ」と呼ぶ霊を送って（ローマ８・15）、わたしたちが神の子どもであることを知らせてくださっています。神さまの子どもとされているとは、父なる神さまのたくさんのすばらしさや宝物をいただけるということを意味します。
わたしたちは、自分の父親から相続して、財産をいただくように、天の父なる神さまから、愛というかけがえのない財産をいただきます。神さまからいただいた愛は、信仰と希望と共に、いつまでも変わることのない宝です。このいただいた愛をもって、わたしたちは隣人を愛します。

わたしたちは、自分の父親と信頼という絆で結ばれています。父親が子を愛するのは、自分の子が信頼に足る「わが子」だからでしょう。しかし、人間の父と子の場合には、もし子が父の信頼を裏切り続けるなら、父はもはや子を愛さないことも起こりえます。人間の父と子の関係は、相互の態度と信頼いかんによって、崩れてしまうこともあります。

しかし、天の父なる神は、ご自分の子が背き続け、裏切り続けても、なお愛することをやめません。ルカによる福音書15章に出てくる放蕩息子のたとえ話にあるように、放蕩に身を持ち崩し、自分を裏切る息子をなお愛し続ける父の姿こそ、天におられる父なる神さまがどのような方であるかを示しています。

慈愛に満ちた父としての神の姿を聖書から知らされたなら、わたしたちは「天におられるわたしたちの父よ」（マタイ6・9）と心を込めて祈りをささげることができます。わたしたちは、信仰によって父なる神に結ばれて、天の父なる神、全能の神を「父よ」と親しく呼びかけることができます。父なる神は、唯一の神であられ、万物はこの神から出、わたしたちもこの神へと帰って行きます（Ⅰコリント8・6）。

問22　「イエス・キリスト」という言葉の意味を教えてください。

答　「イエス」とは、「主は救い」という意味のお名前です。「キリスト」とは、「油注がれ

た者」という意味です。わたしたちは、イエス・キリストという名前を呼ぶことで、このお方が唯一の救い主だと告白しているのです。

イザヤ61・1、マタイ1・21、ヨハネ1・40―42、使徒言行録4・10―12、使徒言行録10・34―38、ヘブライ1・5―9

イエス・キリストという名を聞いて、イエスが名で、キリストを姓と思っている人も多いと思います。ジョン・レノンのジョンにあたるのがイエスで、レノンにあたるのがキリストという具合です。しかし、これは間違いです。イエスとは、旧約聖書ではヨシュアにあたる固有名前で、「主は救い」を意味しました。キリストも、元来はヘブライ語で「油注がれた者」（メシア）に由来し、この語がギリシア語に翻訳されたとき、キリストという言葉があてられました。メシアとは、古代のイスラエルの王が即位するときに、頭にオリーブの油を注がれたことに由来し、転じて「王」あるいは「王のような権威を持つ者」を意味しました。

つまり、キリストとは、王のような救い主を意味し、イエス・キリストとは、イエスという名を持つ方が、わたしたちのまことの王であり救い主であることを言い表した言葉なのです。

古代のキリスト教徒は、しばしば魚の絵で自分たちがキリスト教徒であることを示したと言われています。なぜ魚の絵かというと、ギリシア語で「魚」とは、イクソスと言います。「イエス・キリスト、神の子、救い主」の各語の頭文字をつなぐと魚（イクソス）という単語になるからです。

つまり、イエス・キリストという名そのものが、イエスさまこそ、わたしたちの救い主であり、神の子であるという信仰を告白している言葉なのです。古代のイスラエルの人々は、神の名をみだりに唱えてはならないという十戒の戒めどおりに、ヤハウェという神の名を口にすることを躊躇しました。しかし、主イエス・キリストにおいては、隠されていた神がご自身を啓《あき》らかにされることによって、はっきりとイエス・キリストという神の名を呼ぶことをわたしたちに許してくださいました。使徒ペトロは、神殿の境内で施しを乞うている足の不自由な男に、「わたしには金や銀はないが、持っているものをあげよう。ナザレの人イエス・キリストの名によって立ち上がり、歩きなさい」（使徒言行録3・6）と語りかけました。

わたしたちを罪から救ってくださる方の名は、このイエス・キリストという名以外には与えられていません。キリストという称号を持つナザレのイエスの名によって、わたしたちの救いは実現します。なぜなら、ナザレのイエスこそ、神の御子であって、神の栄光の反映であり、神の本質の完全な現れだからです（ヘブライ1・3）。

問23　イエスさまが、「ひとり子」であるとは、どういうことですか。

答　イエスさまは、神さまとまったく同じ力と権威を持たれる、唯一のお方であるということです。

マルコ15・33—41、ルカ1・35、ヨハネ1・14—18、フィリピ2・6—11、Iヨハネ

4・9、Ⅰヨハネ5・18―20

イエスさまが、神の独り子であるとは、父なる神さまと同じ力と権威を持たれる方であることを意味します。ヨハネによる福音書が記すように、言（ロゴス）であるイエスさまは、肉体をとって、わたしたちの世界にお生まれになりました。肉体をとってお生まれになったということは、わたしたちと同じ飢えや渇き、恐れなどを経験されたということです。イエスさまは、人となられ、苦しみや試練を受けられたのですが、神であることを止めることはありませんでした。

このような神の独り子イエスさまが、世に遣わされることによって、わたしたちが罪の支配から解放されて、生きることができるようになりました。

さらに、イエスさまが神さまの独り子であるとは、イエスさまも、神さまとまったく同じように、わたしたちと共におられ、変わることなく、わたしたちを愛し続けられるということです。イエスさまは、言（ロゴス）として、天地の創造にも関わり、世界の終わりにも関わります。ですから、わたしたちがイエスさまを神と呼ぶことは、イエスさまに最もふさわしいことです。

しかし、ここで疑問が生じるかもしれません。十字架上で、わたしたちと同じように苦しみ、死なれた方がどうして神と等しい方なのかという疑問です。神さまは常に存在し、永遠かつ普遍で、全能なる方なのですから、どうして苦難を経験したイエスさまを神と呼ぶのか、むしろ神さまよりも少し劣った方と言うべきではないかという疑問です。実際このような疑問は、三世紀から四世紀にかけて、古代ローマ帝国にキリスト教が伝わっていく中で、何度も繰り返されました。

この問いに対して、教会は、聖書に基づいて、イエスさまは、まことの神にしてまことの人であると言い表してきました。なぜなら、主イエス・キリストの苦難と死そして復活によってのみ、つまり、肉体をとってまことの人となった神の独り子を通してのみ、わたしたちの肉体は癒され、神の深い愛と御心を知ることができるからです。天の父なる神さまは、独り子の苦難と死によって、わたしたちを救おうと決意されました。父のふところにおられる独り子なるイエスさまだけが、この神を示すことができるのです。

神の御子の到来によって、わたしたちは神の真実と御心を知ることができます。

問24　イエスさまが、「わたしたちの主」であるとは、どういうことですか。

答　イエスさまは、わたしたちが唯一信頼する主人であり、わたしたちはその僕だということです。

ルカ5・1―11、ヨハネ4・14―15、ヨハネ20・27―28、ローマ14・7―9、Iコリント7・22―23、コロサイ2・6―10

「わたしたちの主、イエス・キリスト」の「主」とは、主人という意味です。イエスさまだけがわたしたちの主人であるという信仰の告白が、使徒信条のこの箇所でなされています。ガリラヤの漁師だったペトロがイエスさまの命じるままに網を打つと、おびただしい魚がかかり、網が破れそうになります。そのときペトロは、思わず畏れひれ伏して、「主よ、わたしから離れてください」（ルカ５・８）と呼びかけます。シカルの井戸の傍らで、イエスさまに出会ったサマリアの女は、「主よ、渇くことがないように、また、ここにくみに来なくてもいいように、その水をください」と所望します（ヨハネ４・15）。「主」とは、明らかに、わたしよりも偉大な方、畏れるべき方という意味合いを持っています。イエスさまが、「わたしたちの主」であるとは、イエスさまが本当に畏れるべき方であるということを意味するとともに、わたしたちはイエスさまの前で、ひれ伏し、仕えることを意味します。

パウロが自分のことを「キリスト・イエスの僕《しもべ》」（ローマ１・１）と語っていることを考慮すれば、まことの主人は、僕が信頼して仕え、忠実に従うべき存在ということになるでしょう。わたしたちは、主イエス・キリスト以外のものを主人として生きてはいないでしょうか。わたしたちにとって容易に主人となるのは、お金であったり、名誉であったり、自分の欲望であったりします。それら目に見えるものが主人となると、わたしたちはまるでそれに仕える奴隷となって、本当の自分を見失います。文字どおり「お金の奴隷」や「欲望の奴隷」になってしまいます。

聖書が、イエスさまを主人と呼ぶのは、イエスさまがどのような方であるかをはっきりと知っているからです。イエスさまは、何か偉そうなふりをしている「主人」ではありません。自分の権威を笠に着て、僕にあれこれと命令する主人でもありません。むしろ、僕のために命を捨て、ご自分もまた僕のかたちをとられたご主人です。

ご主人のこのような姿に気づくとき、わたしたちは、主イエスの前にひざまずいて、イエスさまこそ主であると賛美し、告白するでしょう。さらに、この主人のために生きよう、この方のために、命すら惜しくないと考えます。

イエスさまは、へりくだって、十字架の苦難を引き受けて、わたしたちに注がれるはずの神の怒りとさばきをご自分で受け止めてくださいました。さらにまた、イエスさまは死より甦って、死に勝利し、天に昇り、全能の父なる神の右に座られて、すべての人間の権威、この世の権力、主権の上にご自分を置かれました。このキリストのゆえに、神は足下のものをすべてご自分の支配に入れられたのです。

この主の御名を呼び求める者は、あらゆる人間の支配から解き放たれて、人種や性別、能力や功績、国籍、貧富の差などとはまったく無関係に、ただ神さまの恵みによって、救いへと入れられます。主によって召された奴隷は、主によって自由の身にされた者です（Ⅰコリント7・22）。

イエスさまというまことの主人のもとに集められた群れが教会です。教会こそ、率先してイエスさまだけを頭《かしら》とし、イエスさまにすべての者が連なる場所となります。

問25　「主は聖霊によってやどり、おとめマリヤから生まれ」とはどういうことですか。

答　イエスさまが、罪を除いて、わたしたちと同じ人間になってくださったということです。

マタイ1・18―25、ルカ1・26―38、ヨハネ1・14、ガラテヤ4・4―5、ヘブライ

２・14―18、ヘブライ４・14―16

主イエス・キリストは、マリア（マリヤ）を母としてお生まれになりました。まことの人として誕生されたということです。

この誕生は、同時に神ご自身の働きかけによって、つまり聖霊によって起こりました。聖霊とは、神さまご自身の力であり、神さまご自身です。つまり、イエスさまは、まことの人であるとともに、神の独り子として誕生されたということです。神さまが、御子イエス・キリストをこのような姿で、わたしたちの世界に送ってくださったのは、わたしたち人間にまことの救いを与えるためでした。イエスさまは、わたしたちとまったく同じ肉体をとって、人間になられ、わたしたちの経験する苦しみや死をも引き受けて、わたしたちに徹底的に関わってくださいました。徹底的な関わりとは、わたしたちを愛してくださったということです。同時に、イエスさまは、人となっても、神の御子であり続け、わたしたちを罪から救い出してくださいました。

人であり神であるイエスさまは、インマヌエル（神は我らと共におられる）という名を持ち、その名のとおり、わたしたちと共に生きてくださいました。イエスさまは、血と肉を備えて、わたしたちと同じ試練を受けて、苦しまれたゆえに、試練を受けている人間を助け、救い出すことがおできになるのです。古代の教会は、「肉をとらないものが、肉を癒すことはできない」としばしば語りました。キリストがわたしたち人間とまったく同じ人となられたことが、わたしたちの救いにとってどれほど必要であったかが、「おとめマリヤから生まれ」という使徒信条の一節には示されています。

マリアが、神の御子の母となることを決心したことによって、神の救いの御心をわたしたちは知らされます。ガリラヤのおとめは、神のご意志と恵みを受容することになります。この決断は、マリアだけではなく、イエスさまを受け入れるすべての信仰者の決断ともなるのです。

問26　「ポンテオ・ピラトのもとで苦しみを受け」とはどういうことですか。

答　ポンテオ・ピラトとは、イエスさまを処刑したローマの総督です。イエスさまは、わたしたち人間が経験するあらゆる苦しみを知り尽くし、引き受けてくださいました。

イザヤ53・4―12、マタイ27・11―26、マルコ15・1―15、ルカ23・1―25、ヨハネ18・28―19・16、Ⅱコリント5・21、Ⅰペトロ2・22―24、ヘブライ4・14―16

イエスさまは、ローマから派遣されて、ユダヤの地を支配していたローマの総督ポンテオ・ピラトの時代に、ピラト自身の決定によって、十字架刑に処せられました。十字架刑は、重罪を犯したローマ市民権を持たない人にのみ課せられた最高刑罰でした。木組みの十字架に釘で両手、両足を打ち付けられ、その上で長い時間苦しむとともに、人々の目にさらされ、見世物とされました。わたしたち人間の残虐な思いや復讐心を満足させる残酷な刑罰でした。

神の御子であるイエスさまは、「罪と何のかかわりもない方」（Ⅱコリント5・21）であったのに、十字架の苦難を負わされました。そのことは、十字架の刑罰の過酷さ以上に、苦難を増したことでしょう。イエスさまは、わたしたち人間が経験する最も大きな苦難を引き受け、耐え忍んでくださいました。

イエスさまを十字架につけろと叫んだのは、イエスさまの時代のユダヤ人たちでした。しかし、この叫び声の背後には、イエスさまにあれほど愛され、行動を共にした弟子たちの姿が隠れています。さらに、通りすがりの人々の悪口、ローマの兵士たちの嘲笑が十字架の周りには渦巻きました。言い換えれば、イエスさまの同胞を含む、すべての人々が、主イエスを裏切り、十字架につけたのです。

もしわたしたちがイエスさまの時代に生きていたなら、わたしたちもこれらの人々に交じって、失望と嘲笑の入り交じったまなざしで、苦しむイエスさまの姿を見つめていたことでしょう。

誰一人、イエスさまの十字架に抗議し、それを阻止しようとした者はいませんでした。イエスさまの十字架の周りを、わたしたち人間の罪が取り囲んでいたと言うことができます。

イエスさまは、人間の深い罪をよくご存知でした。ご存知であったがゆえに、人間の罪を赦すには、ご自分が十字架の苦難を経験し、ご自分の生命を差し出す以外にないことも知っておられました。

イエスさまの十字架を信仰によってしっかりと見る者は、そこに神の御子の苦しみと神の御子がわたしたちの罪のために死なれたという途方もない恵みの出来事があることを知らされます。神の御子の苦しみと傷によって、わたしたちの罪という、底知れぬ傷口が癒されて、再び神と共に生きることができる和解と平和を与えられるのです。キリストは、わたしたち人間の罪のために、ただ一度苦しまれました。しかし、このただ一度の十字架の苦難と死によって、わたしたちの罪は赦され、神さまと共にいることが再びできるようになり、義とされて新たに生きるようにされたのです。

問27　「十字架につけられ」とは、どのようなことですか。

答　わたしたちが神さまに赦され、永遠に祝福されるために、イエスさまが神さまに呪われたということです。

イザヤ53・1―5、マタイ27・32―44、マルコ15・21―32、ルカ23・26―43、ヨハネ19・17―27、ローマ6・5―6、ガラテヤ3・13

イエスさまが十字架につけられたとは、イエスさまが父なる神さまの呪いをご自分で引き受けられたということです。神さまの呪いは、神さまに背く者、罪を犯す者に向けられます。申命記21章23節に書かれているように、旧約聖書では、死刑にあたる罪を犯して処刑され、木にかけられた者は、神に呪われた者であると考えられました。イエスさまも、呪われた者として木にかけられました。

パウロは、ガラテヤの信徒への手紙3章13節で、申命記21章23節の言葉を引用しながら、「キリストは、わたしたちのために呪いとなって、わたしたちを律法の呪いから贖い出してくださいました」と記しています。「律法の呪い」とは、律法を行うことで救いを得ようとする人間の罪の現実です。

イエスさまは、わたしたち人間と違って、一切罪を犯すこともなく、神の憤りを招くような方ではありませんでした。それどころか、常に父なる神さまのご意志に従い続けた御子であられました。

イエスさまが十字架におかかりになったのは、本来神さまから呪われ、怒りを注がれるはずのわたしたち人間に代わって、イエスさまご自身が盾となってくださったからです。
イエスさまは、ご自分の罪や悪行ゆえに呪いを受けたのではなく、わたしたち人間の受ける呪いを引き受けてくださいました。本来ならわたしたちが受けるべき神のさばきと呪いを、神の御子イエスさまがご自分の生命で受け止め、わたしたちを助けてくださったのです。
イエスさまが、ゴルゴタの丘で、「自分を救ってみろ。そして十字架から降りて来い」という通行人の声にじっと耐えられたのも、わたしたちを救おうとする強い意志とご計画ゆえでした。
イエスさまの十字架上での呪いは、わたしたち人間の罪をこれ以上問いつめることなく、和解の言葉をわたしたちにくださるためになされました。イエスさまの十字架によって、わたしたちは救いへの約束と恵み、永遠の祝福を与えられました。

問28　「死んで葬られ、よみにくだり」とはどういうことですか。

答　イエスさまが、わたしたちの罪のために、人として、本当に死んでくださったということです。

詩編139・8、ルカ23・44―56、ヨハネ19・38―42、ローマ8・1―4、Ⅰペトロ3・18―20、黙示録1・17―18

聖書の世界の人々は、神さまのいる天と人間が生きている地、そして死んだ人々が赴く場所である陰府《よみ》という三つから世界が成り立っていると考えていました（詩編139・8）。イエスさまが、死んで葬られ、陰府に降られたとは、イエスさまが、ただ一時的に呼吸が止まり、仮に肉体が死んだということではなく、わたしたち人間の死とまったく同じ死を経験され、死者の世界へまで降られたという信仰を言い表しています。神の御子は、格好だけ死んだのではなく、人として本当に死なれたのです。イエスさまは、わたしたちが罪ゆえに自ら引き受けねばならない死を、ご自身で経験されたことになります。

イエスさまは、十字架上で息を引き取られたあと、墓に葬られました。アリマタヤのヨセフというエルサレムに住む有力な議員が、イエスさまの遺体を十字架から降ろし、亜麻布で包んで、岩に掘った墓に納めました。

キリストは、ペトロの手紙一3章18節が語るように、肉では死なれましたが、霊では生きる者とされました。それは、イエスさまの肉体が死んで、霊魂は不滅のままであるということではなく、一度本当に死んだイエスさまが、その全人格において復活され、聖霊として今も生きて働き続けてくださることを意味しています。

聖霊によって、働き続けるイエスさまは、体をもって天におられますが、わたしたち人間の生きている地上だけでなく、死者が赴く陰府にまで降って、そこで行き場を失い、神さまから最も離れたところでさまよい続けている人々の霊にまで伝道されました。わたしたちは、イエスさまがどこまでもわたしたちを救おうとされる強い意志を知ることができます。

ですから、神の子が死なれたのは、イエスさまが神の子ではなかった証拠ではなくて、まったく反対に、本当の神の子であったことを示しています。神の子であるイエスさまが赴かない場所は、天にも地にも、そして陰府にもなく、すべての場所は、イエスさまのご支配のもとにあることが、「よみにくだり」の一節には示されています。

問29　「三日目に死人のうちからよみがえり」とはどういうことですか。

答　イエスさまが復活され、死に勝利されたということです。それによって、わたしたちも新しい命に生きるのです。

ヨブ19・25―27、マルコ16・1―8、ルカ24・1―12、ヨハネ11・25、ローマ6・3―11、Ｉコリント15・12―22、ローマ8・11

アリマタヤのヨセフによって墓に納められたイエスさまは、約束のとおり、三日目に、すなわち日曜日の朝に死より復活されました。イエスさまの復活によって、十字架上で苦しみ死なれたイエスさまが、本当に神の子であられたことが、誰の目にも明らかになりました。

死んだ人間が復活するということは、わたしたちの経験を超えた出来事です。経験に照らせば、到底受容できない事柄が起こったことは、福音書の記者たち、使徒たちも皆知っていました。しかし、彼らの目の前で起こったことは、圧倒的な事実でした。初代の教会では、その事実の証言が大切にされ、伝達されていきました。この証言を伝達し続けた信仰共同体が教会です。

イエスさまの復活という出来事の証言にわたしたちが心を向け、それを出発点として聖書を読み直すとき、イエスさまのご生涯と十字架のすべてが、わたしたちの救いのためであったことが明らかになります。つまり、イエスさまの復活こそ、わたしたちの信仰の要《かなめ》であり、復活の出来事とその信仰なくしては、キリスト教そのものが成り立ちません。ですから、「三日目に死人のうちからよみがえり」の部分を省いて、キリスト教信仰の内容とすることはできません。福音書が例外なく、イエスさまの十字架と復活の出来事をはっきりと証言しているのは、この出来事に接した人々の証言の圧倒的な衝撃とその事実の確信でありました。復活という出来事とそれに関わる主イエスのご生涯のすべてを描き出すために福音書は書かれたと言ってもよいでしょう。キリスト教の長い歴史の営みもまた、この一点を伝えるためのものでした。

主イエス・キリストの復活の場面は、新約聖書の各福音書に描かれています。十字架から取り降ろされて墓に納められたイエスさまの体に香料を塗るために、日曜日の早朝、女性たちが墓に赴きます。ところが、すでに墓の石が転がしてあり、中に入るとイエスさまの遺体は見当たりません。女性たちが途方に暮れていると、輝く衣を着た天使が現れて、主イエスの復活の出来事を告げます。

旧約聖書の預言どおり、主イエスは死より復活され、わたしたちの罪の結果としての死に勝利されました。この勝利は、神の御子であり、神と等しいイエスさまによってのみ可能でありました。十字架にかかり復活されたイエスさまへの信仰は、キリスト教信仰の出発点となりました。イエスさまが死より甦らなかったら、わたしたちの信仰はむなしいのです。

復活のイエスさまの命にあずかることによって、わたしたちは罪赦された新しい存在として生きることができます。復活のイエスさまは、天に昇り、神さまの右に座られ、今は目には見えませんが、聖霊としてわたしたちの魂と教会に働きかけてくださいます。そして、聖霊は、わたしたちを天のイエスさまの体に結びつけ、イエスさまの姿にあやかることを可能にしてくださいます。

復活の主イエス・キリストを信じる者は、イエスさまが再び来られる時に、すでに眠りに就いた者が甦らされることを待ち望むことができます。なぜなら、イエスさまの復活は、わたしたち人間の復活の初穂、先がけだからです。

問30　「天にのぼられました」とはどういうことですか。

答　イエスさまは体をもって天にのぼられたということです。それはわたしたちがいつもイエスさまと一緒にいるためです。

マルコ16・19―20、ルカ24・50―53、ヨハネ14・2―3、ヨハネ14・16―19、使徒言行録1・6―11、エフェソ4・8―10

使徒言行録1章が記すように、復活されたイエスさまは、使徒たちが見ている前で、天に挙げられました。イエスさまは、ご自分の体をもって天に昇られたのです。イエスさまが赴いたところは、神さまの右の座、すなわち神さまとまったく等しいところでした。天とは、宇宙の果て、銀河系の彼方というような空間ではなくて、復活の主が父なる神と共におられるところです。神さまの支配が行われているところです。

イエスさまは、父なる神のおられる天に帰られたゆえに、わたしたちはイエスさまのことを地上の事物や人間のように見たり、手で触れたりすることはできません。しかし、聖霊の働きによって、神さまの言葉を通して、信仰をもつ者は、体をもって天におられる、生きたイエスさまと出会うことができます。礼拝において、説教がなされるとき、聖書の言葉が生けるイエスさまをわたしたちのところに運びます。さらに洗礼を受けて、聖餐のパンとぶどう酒をいただくとき、わたしたちは聖霊の働きによって、天におられるイエスさまの体と一つに結ばれます。イエスさまが、永遠にわたしたちと共におられるという、かけがえのない恵みを準備してくださるのです。

天におられるイエスさまは、地上のご生涯を過ごしたときと同じように、わたしたちを愛し、憐れみ、またわたしたちの犯す罪に対しては、厳しい叱責とさばきをもって臨まれます。神さまの前にわたしたちが隠し通すことができるものは何一つありません。イエスさまは、天におられ、父なる神と共に、全能の力をもって、わたしたちを救いへと導いてくださいます。

天におられるイエスさまは、弁護者としての聖霊をわたしたちのもとに遣わし、それによって、わたしたちは本当の救い主が誰であるかを知らされるとともに、イエスさまこそ主であり救い主であるとの信仰を告白し続けることができます。さらに、天のイエスさまは、わたしたちの故郷と国籍は天にあることを知らせてくれます。天の国の市民であるわたしたちは、この世を支配するものによっては、決して支配されない生き方を続けることができます。十戒の戒めどおり、神さま以外の何ものをも神としないという生き方へと導かれるのです。終わりの時、すべてのものが新しくされ、死者が復活する時まで、わたしたちは天におられるイエスさまを模範とし、イエスさまに導かれて、希望を絶やすことなく生きることができます。

問31　「全能の父である神の右に座しておられます」とはどういうことですか。

答　イエスさまは天にあって父なる神さまと等しいお方としてわたしたちを守り、導き、支えていてくださるということです。そしてわたしたちのために執り成してくださっています。

使徒言行録２・30―35、使徒言行録７・54―60、ローマ８・34―39、エフェソ１・20―21、コロサイ３・１―４、Ⅰペトロ３・22

すでに問20で解説したように、全能の父なる神さまは、スーパーマンのように、わたしたち人間が期待することに応えてくださる方ではありません。わたしたちが、どこにいてもわたしたちを愛し、わたしたちを育て、わたしたちを救ってくださることが全能の意味でした。イエスさまが、復活して天に昇られ、全能の父なる神の右にお座りになったとは、イエスさまが、全能の神さまと等しく、どこにいてもわたしたちを愛し続け、救いへと導いてくださることを意味します。キリストは神の右から、あらゆる権威や勢力を、ご自分の愛の支配のもとに服させておられます。このような意味で、御父なる神と御子イエス・キリストは、本質を等しくする方であると言えます。神さまの愛が天地創造の初めからわたしたちに注がれていたように、天におられるイエスさまの愛もまたわたしたちに常に注がれ、誰もイエスさまの愛からわたしたちを引き離すことはできません。

わたしたちは、聖霊の働きによって、父なる神の右に座しておられる復活の主イエスさまと出会います。天におられるイエスさまは、まことの神であり、まことの人であり続けます。天のイエスさまは、霊的な体を持っておられます。しかし、この霊的な体は、わたしたちと無縁なものではなくて、神さまの恵みと聖霊の働きによって、御言葉の説教と聖餐のパンとぶどう酒を通して、わたしたちが結ばれるものとなります。

天のイエスさまは、霊的にわたしたちの間に住まわれ、わたしたちの教会の頭《かしら》であり、わたしたちの人生の同伴者です。霊的とは、目には見えなくとも、現実にはわたしたちと共におられ、聖霊の働きによってわたしたちがそれを具体的に知ることができるということです。

かくして、十字架にかかられたイエスさまは天に昇られても、なおわたしたちに命を与え続け、わたしたちの模範となるような体を保っておられるのです。この体をもつ天に挙げられたイエスさまが、わたしたち信仰者のまことの執り成し手であり、わたしたちの師なのです。そのために、わたしたちクリスチャンは、この世のものを求めるのではなく、天に挙げられたイエスさま、すなわち上にあるものを真剣に求めます（コロサイ3・1）。

問32　「そこからこられて、生きている者と死んでいる者とをさばかれます」とはどういうことですか。

答　イエスさまはもう一度この地上にこられて、救いを完成してくださるということです。そのとき、生きている者も、死んだ者もすべてさばかれます。イエスさまを信じる人にとっては、希望の時、慰めの時となります。

ルカ21・25―28、Ⅰテサロニケ５・２―11、Ⅱテモテ４・１―８、ヘブライ９・27―28、Ⅱペトロ３・８―13、黙示録３・１―６

神さまは、わたしたち人間を愛し導くことを止めることなく、もう一度わたしたちの世界と歴史にイエスさまを遣わし、生きている人間にも死んだ人間にも等しくさばきを与えられます。神のさばきとは、神さまの全能が貫かれることでもあります。神さまは、わたしたちの義《ただ》しさや善い行いを決して見過すことはありません。同じように、わたしたちの罪や過ちをも見逃しません。神のさばきとは、神が憐れむべきものを憐れみ、さばくべきものをさばくということです。

理屈の上では、神さまのさばきとは、神さまの前に義しく生きている者にとっては、恐ろしいことではありません。むしろ、人間の善きわざを神さまが、はっきりと見て取ってくださっているのですから、救いへ約束される恵みの時とも言えます。

しかしながら、わたしたちの間には、完全に正しい人、義人は誰一人いません。パウロが語ったように、「正しい者はいない。一人もいない」のです（ローマ３・10）。すべての人が罪の支配に服しています。ですから、現実には、わたしたち人間は、神さまのさばきの可能性を、恐れと不安をもって待つほかはありません。

しかし、このさばきの到来以前に、罪のもとに例外なく置かれているわたしたちは、神の御子イエス・キリストによって救われているという福音の知らせを聴くことができます。福音は、神の御子が神のさばきを自ら引き受けて、十字架上で苦難を引き受け、死んでくださったことを告げる知らせです。この十字架の出来事を信じる者は、終末の時の到来を前にして、すでに和解への道が準備されていることを知ります。その意味で、突然の主の日、終末の到来の時まで、わたしたちは、闇の中に置かれているのではなくて、神さまの光に照らされているということができます（Ⅰテサロニケ5・5）。

わたしたちが救われるか、さばかれるかは、終わりの日に神さまご自身が判断することです。わたしたちが救われるか否かは、わたしたちが決めることはできません。しかし、聖書が記すように、さばきの時を待つクリスチャンの生活の姿勢は、わたしたちが信仰によって、キリストの再臨を希望のうちに目を覚まして待ち続けるところにあると示されています。目を覚まして待つとは、クリスチャン個人の生き方だけでなく、教会のあり方でもあります。わたしたちは、キリストの出現とその御国を思いつつ、主のご命令どおりに、御言葉を宣べ伝え、戒め、励まし、忍耐強く、教えるのです（Ⅱテモテ4・2）。

かくして、イエスさまの再臨を待つ姿勢は、わたしたちが今を生きるためにとても大切です。終末の到来まで、わたしたちは、神さまを畏れ、礼拝する生き方を変えません。礼拝で主の御言葉を聴くことを通して、「義の宿る新しい天と新しい地とを、神の約束に従って待ち望んでいるのです」（Ⅱペトロ3・13）。

問33　「わたしは、聖霊を信じます」とはどういうことですか。

答　父と子と共に聖霊をあがめ、礼拝するということです。そして、神さまに愛された人生を生き、イエスさまに救われた喜びと感謝の生活を送ることができます。

エゼキエル36・25―32、ヨハネ14・16―17、Ⅰコリント12・3、ガラテヤ5・16―26、エフェソ1・13―14、テトス3・4―7

聖霊とは、わたしたち人間の霊や幽霊とは違います。あるいは何か特別な体験を引き起こす力、霊力でもありません。聖霊は、聖書が証言する神さまの霊です。父なる神から出た真理の霊（ヨハネ14・17）です。聖霊の助けによって、わたしたちは、父なる神さまのことも子なるイエスさまのこともはっきりと知ることができるようになります。さらに聖霊は、わたしたちのために、父なる神が地上にもたらす御国を受け継ぐための保証となってくださいます（エフェソ1・14）。

ですから、聖霊は、イエスさまと神さまとは違って、時にはそっと隠れるように働き、イエスさまと神さまがどのような方であるかを明らかにしてくれます。もし、あなたが、神さまやイエスさまに関心を示し始めたなら、すでに聖霊が背後で働いているのです。同時に、聖霊は、教会を生み出し、わたしたちの魂に聖書の内容を明らかに示し、御言葉の説教と聖礼典（洗礼と聖餐）に働きます。聖霊が働くことによって、わたしたち人間の営みが、生ける神さまと天の神の右にいますイエスさまに用いられるのです。

聖霊と人間の霊はまったく違います。聖霊は、父なる神と子なるイエス・キリストと本質において等しい方です。聖霊もまた全能であり、永遠です。聖霊は、神さまによって創造された天使や霊力ではなく、三位一体なる神の一つとして、父なる神さまと子なるイエスさまと共に礼拝され、あがめられます。賛美や栄光は、常に聖霊にも帰せられます。

これに対して、人間の霊は、世界の内側から生まれるのが常です。敵意や争い、ねたみ、そねみという悪しき感情は、人間の霊としてわたしたちの中に生じます。このような人間の霊によっては、わたしたちは肉の思いにとらわれながら生きるほかはありません。

これに対して、聖霊は神ご自身から出て、自由にわたしたちに働きかけます。「主の霊のおられるところに自由がある」（Ⅱコリント3・17）という御言葉どおりに、聖霊は、わたしたちをねたみや恨みなどの悪しき感情から解き放ち、自由にします。同時に、わたしたちを復活の主イエス・キリストへと導き、イエスさまは主であるとの信仰告白へと至らせます。この聖霊の働きは、わたしたちを洗礼へと導きます。わたしたちは、聖霊によって、新しく生まれ変わり、造り替えられます（テトス3・5）。「こうしてわたしたちは、キリストの恵みによって義とされ、希望どおり永遠の命を受け継ぐ者とされたのです」（テトス3・7）。

かくして、わたしたちが霊の導きのもとに歩むなら、霊の結ぶ豊かな果実を与えられます。それらは、喜びや平和、寛容や柔和など、クリスチャンとして生きるための最も大切な徳です。

問34　「きよい公同の教会」を信じるとはどういうことですか。

答　きよい公同の教会とは、いつの時代にも変わることのないキリストの体のことで、この教会にわたしたちは神さまによって招かれ、集められていることを信じます。

マタイ16・13―20、Ｉコリント10・16―17、エフェソ1・22―23、エフェソ4・1―6

教会というと、すぐに教会堂や牧師、教会員、日曜学校（教会学校）の生徒たちのことを思い浮かべることでしょう。これらは、具体的で目に見える教会の姿です。わたしたちは、同時に天にある目に見えない教会を信じています。「聖なる公同の教会」とは、地上の目に見える教会が、土台および目標として信じている見えない天の教会を表します。

「きよい（聖い）」とは、神さまに選ばれ、集められたということです。「聖」という語は、いつも他から区別され、分離されるものという意味合いがあります。また、「公同の」とは、いつでもどこでも誰もが信じることのできる「普遍的な」という意味で、英語のカトリックという言葉にあたります。つまり、「きよい公同の教会」とは、神さまによって選び集められ、同時にいつでもどこでも誰もが信じることのできる普遍的な信仰に生きる教会ということです。

すでに、地上の生涯において、イエスさまご自身が、「あなたはメシア、生ける神の子です」というペトロの信仰の告白の上に、「わたしの教会を建てる」（マタイ16・18）と約束されました。

わたしたちプロテスタント教会も、普遍的で公同的な教会を信じます。カトリックという言葉は、ローマ・カトリック教会の専売特許ではありません。すでに学んだ父と子と聖霊である三位一体の神を信じる教会は、いつどこにあっても、カトリック（公同的な）教会なのです。教会にとって大切なことは、外見的な一致よりも、霊による一致、すなわち復活の主をただ一人の主と仰ぎ、神と等しい方とするという一致した信仰なのです。

宗教改革者たちによれば、まことの教会とは、御言葉の説教が純粋に行われ、聖礼典（洗礼と聖餐）が正しく行われるところであると考えられました。聖餐における目に見えるパンとぶどう酒を通して、わたしたちは、生けるキリストの体にあずかります（Ｉコリント10・16）。言い換えれば、十字架にかかり復活された主の体の現在が、神の言葉を通していつも正しく証言されているところが教会であると言えます。説教と聖礼典によって、キリストの現臨がいつも信じられているところにまことの教会が存立します。

教会は、聖霊降臨（ペンテコステ）の日に生まれました。使徒言行録2章に記された教会の誕生日に起こったことは、弟子たちが聖霊に満たされ、〝霊〟の語らせるままに、他の国々の言葉で話し出したことです。この霊の働きによって、教会が復活の主イエスさまを正しく証言するということが可能となります。教会は、生けるキリストを証言することで、霊による一致を与えられます。主なるイエスさまが一人であられるように、信仰は一つ、洗礼も一つなのです（エフェソ４・５）。

問35　「聖徒の交わり」を信じるとはどういうことですか。

答　わたしたちがイエスさまに結ばれて、神さまから与えられた賜物をお互いに分け合うということです。こうして、救いの喜びをより豊かに、また多くの人に届けたいと願うようになります。

使徒言行録20・32―35、Ⅰコリント12・12―31、ガラテヤ６・２―６、Ⅱコリント13・13、エフェソ２・14―22、Ⅰペトロ４・７―10、Ⅰヨハネ１・３

わたしたちがイエスさまを救い主と信じるということは、イエスさまの生命に結ばれて、イエスさまのうちに生きることです。自分が弱くても、自分が貧しくても、イエスさまにつながっていると、ぶどうの木が幹に連なって実を結ぶように、果実である生命をいただけるのです。

わたしたちは、教会を通して、生けるイエスさまの言葉を聴き、イエスさまの体である教会の一部分となります。教会の頭《かしら》であるイエスさまの生命を、ぶどうの木が地中から吸い上げる水のようにいただいて生きることができます。

使徒信条は、「聖徒の交わり」を信じると告白しています。この「聖徒の交わり」とは、教会に集められたわたしたちが、聖なる神の御子イエス・キリストと交わりを持っているとともに、イエスさまに連なる一人一人が、主にある相互の交わりをなしていることを意味します。「聖徒」とは、何か立派で道徳的に正しい人という意味ではなく、どれほど貧しく小さくとも神が選び集めてくださった信仰者のことを指します。ここでも、「聖」の意味は、恵みによって選び分かたれているということです。

わたしたちも、教会に通って信仰を言い表し、洗礼を受けたなら、神さまの恵みと選びゆえに、「聖徒」と呼ばれます。「聖徒の交わり」は、教会の中に生み出されます。共に礼拝をささげ、神に祈りをささげることこそ、聖徒の交わりが実現する最も喜ばしいひとときです。聖徒の交わりの中にある者は、「聖なる民に属する者」「神の家族」（エフェソ2・19）と呼ばれます。

さらに、教会の聖徒一人一人が、主の体の一部分として、互いに助け合い、支え合い、重荷を担い合って、その交わりの輪を教会の外の人々にも広げていくために伝道するときに、聖徒の交わりは日本中、世界中に拡大していきます。

問36　「罪のゆるし」を信じるとはどういうことですか。

答　罪をゆるされたわたしたちの人生は、悔い改めと、喜びと感謝に満たされているということです。聖霊は、わたしたちが善い者として生きられるように助け、導いてくださいます。

詩編32・1―5、詩編103・1―13、エレミヤ31・33―34、ルカ19・1―10、ローマ7・24―8・3、Ⅱコリント5・19―21

わたしたちが罪の赦しを信じるのは、神さまの御子イエス・キリストの十字架と復活の出来事を信じるからです。神さまは、あたかも自分の力で生きているかのように傲慢になり、神さまから離れてしまったわたしたちをお見捨てにはなりませんでした。それどころか、ご自分の愛する御子イエス・キリストをわたしたちの世界に送って、失われた一匹の羊を探し出すように、わたしたちを見つけ出し、救ってくださいました。

罪の赦しは、神さまの一方的な愛ゆえに起こりました。わたしたちが、何かをしたから、わたしたちが少しばかりましな人間になったから起こったのではありません。イエスさまが、罪の闇の中に落ち込み、行き場を失っているわたしたちを深く憐れみ愛してくださっていたからこそ、わたしたちを捜し出し、ご自分の命と引き換えに、わたしたちを救ってくださったのです。徴税人ザアカイが、エリコの町で、イエスさまの方から声をかけられて救いへと導かれたようにです（ルカ19章）。

神さまの愛は、ご自分の愛する御子イエス・キリストをわたしたちの世界に遣わされた出来事に現れます。御子の苦しみと死によって、神さまがわたしたちを憐れんでくださるご決意がなみなみならぬものであったことを知ります。父なる神のさばきは、わたしたち人間に直接向けられるはずなのに、そのさばきを御子が受け止めてくださり、十字架の犠牲となってくださったからです。

このように、神の御子イエスさまの十字架の苦難の出来事がわたしたちの罪の赦しのためであったと信じるときに、わたしたちは罪の支配から解き放たれて、新しい生命に生きることができます。

罪の赦しを信じる者は、神さまの深い愛を信じる者です。神さまが、独り子をわたしたちにお与えになるほど、わたしたちと世界を愛してくださったことを知るからです。御子による救いを信じる者は、一人も滅びることなく、永遠の命を与えられると聖書は約束します。

御子イエス・キリストによる罪の赦しと救いの約束は、旧約聖書の時代には詩編や預言者エレミヤによって語られました。それが今や神の御子イエス・キリストの到来によって完全に実現したのです。神さまの愛は、旧約の時代から新約の時代に一貫して、わたしたち人間に告げ知らされていたと言えましょう。

ですから、この約束の実現を信じ、罪の赦しにあずかった者は、神の愛と救いの約束に応える新しい生き方に導かれます。それは、愛の神さまを礼拝し、賛美し、さらに神さまの愛にわたしたちも生きる生活です。それまで、わたしたちの罪を明らかにしていた律法は、新しい意味を持ちます。すなわち、礼拝するわたしたちの感謝の生活を導く役割です。

罪を赦されたわたしたちが、賛美と感謝の礼拝をささげるときに、わたしたちは神さまに創造された本来の姿へと連れ戻されます。失っていた自分自身が回復され、まことの幸いを与えられます。

問37 「からだのよみがえり」を信じるとはどういうことですか。

答 イエスさまが復活されたように、わたしたちもまた、終わりの日に、イエスさまと同じ栄光の体をもって復活させられると信じることです。

ヨブ19・26、Ⅰコリント15・42―49、Ⅰコリント15・50―53、フィリピ3・20―21、Ⅰテサロニケ4・13―18

イエスさまは死より甦り、復活した姿を人々に現されました。そして、天に昇り、父なる神の右に座って、聖霊としてわたしたちに働き続け、わたしたちに永遠の生命をくださいます。イエスさまの復活によって、わたしたちもまた、終わりの日に、新しい体、「霊の体」（Ⅰコリント15・44）をもって復活させられるという希望が与えられています。終わりの日には、一瞬のうちに死者は復活して、朽ちない者とされると聖書は語ります。

終わりの日の復活によって、わたしたちは最初に創造されたときのように、神の完全な似姿へと回復されます。そして、朽ちない命と体を与えられ、永遠に神と共にいることができると約束されています。このとき、わたしたちのいやしい体は、主と共にあって栄光の体へと変えられます。

終わりの日の復活は、そのときまでに亡くなっていた人々にも起こります。信じた人々はすべて甦らされ、イエスさまと共にあって、互いに再び見《まみ》えることが許されます。

クリスチャンは、この終わりの復活を信じます。それは、漠然とした期待や願望ではなくて、主イエス・キリストが死人の復活の初穂となって、本当に人間の死と罪に打ち勝って、甦られた事実によっています。言い換えれば、イエスさまの復活を信じるとき、終末の信仰もまた確かに与えられます。同時に、その日に備えて、待ちつつ、急ぎつつ歩むわたしたちの生き方が整えられていくことになります。

問38　「永遠のいのちを信じます」とはどういうことですか。

答　わたしたちの命は死で終わるのではなく、永遠にイエスさまと結ばれ、神さまと共に

生きると信じることです。

ルカ23・43、ヨハネ3・16、ヨハネ6・41—58、ヨハネ17・1—3、Iヨハネ2・20—25、Iヨハネ5・6—12

「永遠のいのち」とは、イエスさまの救いのわざを信じる者に約束された、新しい命です。永遠の命は、神の国へと招かれた人には、その人の功績とは無関係に、神さまの恵みによって与えられます。神さまの恵みと永遠の命の関係は、ヨハネによる福音書3章16節の言葉によく示されています。「神は、その独り子をお与えになったほどに、世を愛された。独り子を信じる者が一人も滅びないで、永遠の命を得るためである」。

永遠の命は、神さまの限りない愛によって、わたしたちに与えられるものです。神さまは、わたしたちが罪の支配と死の力から解放されて生きるようになることを望んでおられます。そのために、御子イエス・キリストが遣わされ、御子は神の国と永遠の命を宣べ伝えられました。

永遠の命は、わたしたちが、遣わされた御子を信じることによって、御子と結ばれ、一つにされて、神さまと共に生きることを意味します。イエスさまと神さまとの交わりの中に入れられることが、永遠の命にあずかることです。ヨハネによる福音書17章3節には、「永遠の命とは、唯一のまことの神であられるあなたと、あなたのお遣わしになったイエス・キリストを知ることです」とあります。父なる神と御子イエス・キリストは、永遠の交わりの中にある命そのものです。わたしたちは、神さまを信じ、イエスさまを信じることで、この交わりの中に導かれます。

第5章　十戒

問39　**十戒とは、何ですか。**

答　**神さまに救われたわたしたちが、御心に従って生きるために与えられた律法です。**

出エジプト20・1―17、申命記5・6―21、申命記5・32―33、申命記7・6―8、イザヤ55・10―11、ローマ10・4

十戒は、エジプトを脱出したイスラエルの民が、シナイ山で神さまからいただいた十の戒めです。モーセが、煙に包まれたシナイ山に上ると、主なる神は、火の中を山の上に降られ、民の指導者であったモーセを呼び寄せられます。主なる神は、イスラエルの民が直接自分を見て命を失うことがないように、モーセとその兄弟アロンだけを民の中から呼んで、民が守るべき戒めを賦与しました。

十戒を与えた神さまは、「わたしは主、あなたの神、あなたをエジプトの国、奴隷の家から導き出した神である」とイスラエルの民に呼びかけられました（出エジプト20・2、申命記5・6）。これが十戒の前文にあたる部分で、とても重要です。なぜなら、そこには、天地万物を創造された神が、同時にイスラエルという信仰者の群れを救いへと導き、歴史へと働きかけてくださる方であることが宣言されているからです。

この前文が意味しているのは、出エジプト記14章30節に記された出来事です。それによれば、モーセに率いられたイスラエルの民は、葦の海の手前で、エジプトの軍勢に追いつかれ、まさに万事休すという事態になります。そのとき、神さまは、紅海の水を真っ二つに分け、海の道を開いてくださいました。神さまは、その日、御手を伸ばして、イスラエルの民をエジプトの国、奴隷の家から導き出し、救ってくださいました。それは、神さまが、歴史に働きかけてイスラエルを救い出してくださる方であることが明らかになった瞬間でした。この神さまの救いのみわざへの応答として、イスラエルの民は守るべき十の戒め（律法）を与えられたことになります。

戒めを与えられたイスラエルの民は、立派な人々であったわけではありません。特別に信仰深かったわけでもありません。いやむしろ、創世記が書き記す、アブラハム、イサク、ヤコブと続くイスラエルの父祖たちの行いは、神さまが望んでおられたこととはほど遠く、罪や汚れに満ちていました。彼らは、神さまの救いの約束を心から信じることができず、しばしば自分の力に依り頼みました。神さまの恵みを確信せずに、自分の知恵で救いの道を開くことも考えました。にもかかわらず、神さまは、この貧しく小さなイスラエルを約束の民として導き続け、救いへと選んでくださいました（申命記7・6―8）。

十戒を与えられたイスラエルが、神の民とされたのは、イスラエルの側にその資格があったからではなく、ただ神さまの選びによったのです。この神さまの選びに応えること、つまり「主が命じられた道をひたすら歩む」（申命記5・33）ことがイスラエルの民には求められます。そしてこの律法の目標の先には、イエス・キリストがおられます。キリストに出会うとき、律法を完全に守ることのできない自分と自分の罪に気づきます。しかし同時に、その罪を赦してくださるイエスさまとの出会いが神さまの選びを完成させ、律法を全うさせてくださるという新しい信仰の可能性もまた約束されていることを知らされます。

問40　十戒はわたしたちに何を教えてくれますか。

答　第一に神さまを愛すること、第二に隣人を愛することです。

申命記6・5、レビ19・18、マタイ22・37―39、ルカ10・25―37、ローマ13・8―10、Iヨハネ4・19―21、ヤコブ2・12―13

十戒の前半は、以下の五つの戒めです。

1　あなたは、わたしのほかに、なにものをも神としてはならない。
2　あなたは、自分のために、きざんだ像をつくってはならない。
3　あなたの神、主の名を、みだりにとなえてはならない。
4　安息日をおぼえて、これを聖とせよ。
5　あなたの父と母をうやまえ。

後半は、以下の五つの戒めです。
6　あなたは、殺してはならない。
7　あなたは、姦淫してはならない。
8　あなたは、ぬすんではならない。
9　あなたは、隣人について、偽証してはならない。
10　あなたは、隣人の家をむさぼってはならない。

これら十の戒めについて、イエスさまは、前半の五つの戒めを、神さまを愛するための戒めとして理解し、後半の五つの戒めを人を愛する戒めと要約されました（マタイ22・37）。ですから、十戒の内容を一言で表すならば、神さまを愛し、人を愛することになります。

ルカによる福音書10章25節以下には、「善いサマリア人」のたとえ話が出てきます。ある律法の専門家が、イエスさまを試そうとして質問しました。「先生、何をしたら、永遠の命を受け継ぐことができるでしょうか」。するとイエスさまは、律法すなわち旧約聖書には何と書いてあるかと逆に質問されました。律法の専門家は、旧約聖書から二つの箇所を即座に挙げました。「心を尽くし、精神を尽くし、力を尽くし、思いを尽くして、あなたの神である主を愛しなさい」（ルカ10・27）。これは、旧約聖書の申命記6章5節からの引用です。さらに「また、隣人を自分のように愛しなさい」（ルカ10・27）。これは、レビ記19章18節からの引用です。

旧約聖書を引用して答えた律法の専門家に対して、イエスさまは「正しい答えだ。それを実行しなさい。そうすれば命を得られる」と言われました。このとき、律法の専門家は、自分を正当化しようとして、「では、わたしの隣人とはだれですか」と問いかけました。この問いに答えて、イエスさまは、「善いサマリア人」のたとえ話を語られたのです。「隣人を愛しなさい」という律法の戒めの「隣人」とは、今あなたの助けを必要としている人のことです。今あなたを必要としている人のために働くことが、愛することです。聖書は、高邁な博愛精神や普遍化された人間愛のようなものを語りません。ただ神さまの「隣人を愛しなさい」という戒めどおりに今と将来を生きるかどうかを問うています。愛は、愛したいという感情や同情心にとどまりません。愛は、神さまがくださる律法として行為に至ります。これは、神さまを愛する場合にも同じです。「神を愛するとは、神の掟を守ることです」（Ⅰヨハネ5・3）と言われているとおりです。

サマリア人は、エルサレムからエリコに向かう途中で、追いはぎに襲われ、瀕死の重傷を負って横たわっている人を、憐れに思い、近寄って介抱して、その命を助けました。同じ道を通りかかった祭司もレビ人も、律法の専門家と同様に、神さまを愛し、人を愛する十戒の戒めを知っていたでしょうが、隣人を愛し助けることはしませんでした。血を流している旅人に触れてはならない律法の戒めが頭にあったかもしれません。用事があって先を急いでいたのかもしれません。しかし、このたとえが伝えるのは、「では、わたしの隣人とはだれですか」と問いかけた律法の専門家の最も深刻な問題が、愛の律法を知っていても、その律法を実行していないというところにあるということでしょう。

さてここからわたしたちの問題と関わります。もしわたしたちがエルサレムからエリコに至る道で、追いはぎに襲われて瀕死の重傷を負った人の傍らを通りかかったらどうするでしょうか。「善いサマリア人」のたとえ話を聞いて、レビ人も祭司も何とひどい人間だろうかと義憤を感じたわたしたちは、果たして瀕死の重傷を負った旅人を介抱するでしょうか。「エリコの町で仕事の約束があるのです。今回はちょっと介抱できません」「瀕死の重傷を負った旅人は、悪人かもしれない。助けたら、自分の身が危ない」「わたしには医療の知識もない。きっと後から旅人を助けるにふさわしい人が通りかかるに違いない。その人に任せることが得策だろう」。わたしたちは、さまざまな理屈をつけて、結局レビ人や祭司と同じように、その場を通り過ぎては行かないでしょうか。

「隣人を愛しなさい」という律法は、わたしたち自身がエリコからエルサレムに向かう道を旅していたら、どうだろうかという問いを突き付けます。突き詰めてみると、わたしたちもまた律法の戒めどおりには生きられないこと、言い換えれば、わたしたち人間の弱さや罪が明らかになってきます。善きサマリア人のたとえは、サマリア人を人生の模範とするようにという道徳訓でもなければ、祭司やレビ人を非難するためのものでもありません。たとえを聴くわたしたちが、律法の戒めどおりに生きることができない自分自身の現実を知って、その上で、「行って、あなたも同じようにしなさい」という主のご命令を新たに聞くのです。

ここから新しい課題がわたしたちに突き付けられます。その課題は、律法の戒めどおりに生きられないわたしたちが救われるためにはどうしたらよいのかという問いかけです。この問いかけに対する答えには大変深い真理が含まれます。確かにわたしたちは、律法を完全に行うことができません。その意味で、律法を一点一画廃ることなく行うことによっては、わたしたちは救いへと到達することができません。しかし、律法どおりに生きられず、自分中心の罪にとらわれているわたしたちを赦し、それでも愛し続けてくださるイエスさまとの出会いによって、わたしたちは律法によってではなく、主イエスの内にある赦しの福音によって生きることができることに気づかされます。つまり、律法を行うことによる救いから、福音を聴くことによる救いへの転換が起こります。この転換は、自然に起こるのではなく、わたしたちがイエスさまと出会い、イエスさまの福音を聴き信じることによって起こります。その意味で、律法から福音への転換は、まず福音を聴くことによって、神さまの愛を信じるところから始まるのです。律法の戒めによって、「わたしたちが愛するのは、神がまずわたしたちを愛してくださったからです」（Ⅰヨハネ4・19）ということを知ることになります。

神がわたしたちを極みまで愛してくださっていることを知らされた者は、律法の一部分を守るのではなく、「殺すな」「姦淫するな」……と続くすべての戒めを守ります。これらの律法は、わたしたちを束縛するのではなく、自由に生きるための大切な道しるべとなるのです（ヤコブ2・10—13）。

問41　第一戒は何ですか。

答　「あなたは、わたしのほかに、なにものをも神としてはならない」です。それは、わたしたちが、ただ一人のまことの神さまにだけ依り頼み、この神さまだけを礼拝するということです。

出エジプト20・3、エレミヤ17・5—8、申命記4・32—35、マタイ4・10、マタイ

6・24

十戒の第一戒は、アブラハム、イサク、ヤコブの神であり、イエス・キリストの父なる神である唯一の神さま以外に、神として拝むものがあってはならないと命じます。「わたしのほかに」という言葉は、「わたしと並んで」「わたしに加えて」ではなくて、「わたしの顔の前に」「わたしに対抗して」「わたしに反対して」という意味です。神ヤハウェに対抗して、別の神や神々をまことの神の前に置くべきではないことが命じられています。

古代の地中海世界は、日本の文化のように、神々の世界でした。イスラエルが侵入したカナンにもまた土着の自然崇拝の宗教が存在しました。十戒は、イスラエルをエジプトから導き出した人格神以外のものを神として拝むことを神さまご自身のご命令として禁じています。他の神々をたてるということは、本当の神さまの救いの行為から目をそらし、再び神々への隷属に逆戻りしてしまうことを意味します。

さて十戒の戒めには、神の民であるイスラエルが、別の神をたてて拝むはずがないという前提があります。イスラエルの人々は、唯一の神を礼拝し、賛美することを命ぜられました。しかし、現実には、何度も偶像崇拝の罪を犯します。イスラエルの民は、モーセに率いられてエジプトを脱出し、シナイ半島の荒れ野をさ迷った果てに、シナイ山で十戒を授けられます。モーセが、山に上っている間に、民は不安になり、身に付けていた金の飾りをはずし、祭司アロンに手渡して、それで金の子牛の像を造ります。その周りで、イスラエルの民は、飲めや歌えの大騒ぎを起こすのです。

ここには、信頼すべきものを失った人間が、偶像を造り、それでしばしの気休めを得るという、いつの時代にも起こる現実が描かれています。まことの神さま以外のものを神として崇めることは、人間の罪と弱さの現れです。

預言者エレミヤは、主に信頼せずに、「人間に信頼し、肉なる者を頼みとしその心が主を離れ去っている人」（エレミヤ17・5）を呪っています。偶像崇拝は、結局はまことの神を離れて、人間世界に存在するもの、被造物にすぎないものによって造られた像を気休めとして拝むことにほかなりません。

申命記44章15節以下は、イスラエルの偶像崇拝の罪を厳しく警告しています。被造物を神として崇めることは、主なる神さまが、すべての民に分け与えられたものにのみ関心を注ぎ、創造者である神を忘却することを意味します。偶像崇拝は、本当の信仰を失わせるものなのです。まことの神さまは、イスラエルの歴史を導き、民に救いの約束を与えられました。かつて、アブラハム、イサク、ヤコブを導き、イスラエルをエジプトから救い出されました。この救いのわざは、すべて神の契約に基づくものです。偶像崇拝には、神の救いの約束を忘れ、自分の力で救いへと至ろうとする人間の傲慢と不遜が隠れています。

わたしたちは生涯にわたって、偶像崇拝の誘惑へとさらされます。人生の試練を経験すると、「神さまは本当におられるのだろうか」「神さまはわたしの救いを諦めてしまったのではないだろうか」と不安が生じます。そのとき、わたしたちの心にはさまざまな誘惑が去来します。

イエスさまは、公の生涯を始めてまもなく、荒れ野で悪魔の誘惑を受けました。イエスさまは、四十日間、断食をして空腹を覚えます。そのとき、悪魔がやって来て、「神の子なら、これらの石がパンになるように命じたらどうだ」（マタイ４・３）と誘惑します。イエスさまは、旧約聖書の申命記８章３節の言葉を引用して、「人はパンだけで生きるものではない。神の口から出る一つ一つの言葉で生きる」と答えられました。このように、イエスさまご自身がわたしたちの受ける偶像崇拝の誘惑を退けてくださったゆえに、わたしたちもまた、ただ主なる神さまのみを拝み、ただ主に仕える生活を送ることができます。

わたしたちは、偶像とまことの神の両方に仕えることはできません。イエスさまが、「あなたがたは、神と富とに仕えることはできない」（マタイ６・24）とはっきりと言われたとおりです。この主の言葉は、富は不要であるとか汚れているという意味ではありません。神さまよりも、富を第一とする生活は、偶像崇拝の生活と変わりがないことを伝えています。

わたしたち人間の罪の体は、神さまの赦しによってのみ救われます。それは、神さまの御子イエスさまの十字架と復活によってのみ可能となりました。イエスさま以外の誰によっても、わたしたちは救われることはないのです。わたしたちが神さまを礼拝するとは、わたしたちの願望の投影としての偶像を造って拝むことではありません。わたしたちを創造するとともに、罪から救い出してくださる、まことの神さまの前にへりくだって感謝と賛美をささげることです。目に見える神さまの像を拝むのではなくて、目には見えないけれど、聖霊として今も確実に臨在してくださるイエスさまの父なる神を拝むことです。

問42　第二戒は何ですか。

答　「あなたは、自分のために、きざんだ像をつくってはならない」です。神さまは、人がつくり出すいかなるものも、神としてあがめることを禁じておられます。

出エジプト20・4―6、出エジプト32・1―6、申命記4・15―19、イザヤ40・18―25、ローマ1・21―23、Ⅰヨハネ5・18―21

古代の世界では、像には神々の霊が宿ると考えられていました。したがって、神の像を造るということは、神の霊をそこに閉じ込め、像の造り手がそれを意のままに操ることを意味しました。しかし、旧約聖書は、まことの神は、人間の手の内に閉じ込められて支配されるような存在では決してないと考えます。

古代のイスラエルは、神々の偶像を造り、拝む人々に囲まれて生活をしていました。油断をすると、イスラエルの神ヤハウェを礼拝するところから離れて、偶像崇拝に向かいました。預言者イザヤは、当時のイスラエルに入り込んできた偶像作成の罪を次のように記して断罪しています。「お前たちは、神を誰に似せ、どのような像に仕立てようというのか。職人は偶像を鋳て造り、金箔を作ってかぶせ、銀の鎖を付ける」（イザヤ40・18―19）。

地上で造られる偶像を拝むことは、万物を創造し、万物を支配する神の力を侮るものです。「主は地を覆う大空の上にある御座に着かれる」（イザヤ40・22）。この方が、まことの神であられるなら、わたしたちは神を礼拝するときに、自分の造った小さな像に神を閉じ込めて、礼拝するなどという愚かな行為をどうしてすることができましょう。

神は、わたしたち地上の事物を遥かに超えた大きな方です。しかも、この方は、わたしたちの理解をも超えています。「いまだかつて、神を見た者はいない」（ヨハネ1・18）のです。しかし、神さまは、わたしたちにご自分の独り子をくださり、この「父のふところにいる独り子である神、この方が神を示されたのです」（ヨハネ1・18）。

ですから、神さまがわたしたちの理解を超えた方であるからといって、偶像を造る必要はまったくありません。イエスさまを通して、わたしたちは創造者なる神さまをはっきりと知ることができます。

パウロが、アテネに行ったときのことです。アテネの町には、至るところに偶像が置かれていました。パウロは、その有様を嘆き、憤慨しつつも、そこでもイエスさまのことを伝える伝道を止めませんでした。パウロが、イエスの復活についての福音を告げ知らせていると、アテネの人々は、彼をアレオパゴスに連れて行きました。そして、「あなたが説いている新しい教えがどんなものか、知らせてもらえないか」と興味を示しました。このとき、パウロは、アレオパゴスの真ん中に立って言いました。「……あなたがたが知らずに拝んでいるもの、それをわたしはお知らせしましょう。世界とその中の万物とを造られた神が、その方です。この神は天地の主ですから、手で造った神殿などにはお住みになりません。……すべての人に命と息と、その他すべてのものを与えてくださるのは、この神だからです」（使徒言行録17・23―25）。

パウロが確信を持って宣べ伝えた神は、すべての生き物を創造し、そこに命の息を吹き込まれる方です。わたしたちこそ、神の中に生き、動き、存在するもの（ヨブ12・10、使徒言行録17・28）であって、神の霊を偶像という小さな空間に閉じ込める愚かさと不遜に気づく必要があるのです。

パウロは、「貪欲は偶像礼拝にほかならない」と断言し、目に見えないものであっても、悪徳を偶像とみなし、避けるべきことを教えています（コロサイ3・5、エフェソ5・5）。十戒の第二戒の後、出エジプト記20章5節に出てくる「熱情の神」という表現は、ヘブライ語で「エル・カーナー」と言い、出エジプト記34章14節、申命記4章24節、6章15節などにも見られる大切な言葉です。カーナーは、本来相手を激しく愛するということで、もし相手が心を閉ざし反抗するなら、相手を逆に赦すのではなくさばき滅ぼす両面性をもつ愛のことです。口語訳聖書では、「ねたむ」と訳されておりました。「熱愛の神」などとも訳せます。

しばしば、愛の反対は、憎しみではなく、無関心であると言われます。そうだとすれば、旧約の神は、関与し続ける神であり、相手を決して簡単には離さない神なのです。偶像に依り頼むとは、まことの神に信頼することをせず、最も手軽で、自分の願望を実現させてくれるものを像に仕立て上げることです。言い換えれば、偶像崇拝とは、自分の願望の投影である神々を拝むことによって、自分自身を拝んでいるのです。そこには、「熱情の神」を信じる信仰など、起こる可能性もありません。

もし、わたしたちがまことの神を知りながら、神としてあがめることも感謝することもしないとしたら、その罪の大きさはどれほどのものでしょうか（ローマ1・21）。わたしたちの命が神によって創造されたことを知りつつ、あたかも自分の力で生きているように錯覚したとしたら、その罪の深さはどれほどのものでしょうか。

神さまは、わたしたちのそのような罪の大きさと深さをご存知です。イスラエルの民が、偶像崇拝の罪を犯し、創造者にして救い主である神から離反したときも、神はイスラエルを見捨てることはありませんでした。なぜなら、神は、ご自分が神のかたちに創造した人間を救いへと導く約束を守り続けてくださったからです。

神さまは、偶像崇拝へと傾くわたしたちをそれでもなお愛し、神の子を送り、「真実な方を知る力を与えてくださいました」（Ⅰヨハネ5・20）。だから、わたしたちは、神に倣う者として、自分自身を香りの良い供え物、いけにえとして神さまにささげます。

ひとたび、主なる神さまの愛と救いへの約束と熱意を知った者は、貪欲や偶像礼拝の罪を避けます。なぜなら、「すべてみだらな者、汚れた者、また貪欲な者、つまり、偶像礼拝者は、キリストと神の国を受け継ぐことはできない」（エフェソ5・5）からです。

問43　第三戒は何ですか。

答　「あなたの神、主の名を、みだりにとなえてはならない」です。それは、わたしたちが神さまを愛し、大切にし、畏《おそ》れをもって呼び求めるべきということです。

出エジプト20・7、レビ19・12、エレミヤ4・2、マタイ5・33―37、マタイ7・21―23

「主の名」「神さまの御名」とは、神さまご自身ということです。わたしたちもそれぞれ固有の名をもち、名によってわたしたちの存在が指し示されます。神さまの名をみだりに唱えるとは、神さまの存在に何の尊敬も畏れも感じることがないのに、自分の必要なときに、神さまの名を呼んで助けてもらおうとすることです。

古代世界では、名は体そのものであると考えられました。したがって、神の名を知るということは、神との交わりの根本でした（出エジプト3・13以下）。だから逆に、古代中東の神々は、自分の存在を守るために、名を知られないようにしたと言われます。しかし、聖書の神は、ご自身の名を明らかにし、啓示される方です。名を啓示するということは、神ご自身を知らしめるという神ご自身の決断と慈しみによっています。

ところが、人間が自分のために神の名を利用しようとすることを十戒は禁じます。「みだりに」という言葉は、「偽って」とか「空しいもののために」という意味をもちます。名を唱える回数や量ではなくて、唱える内容とか質が問題にされているのです。日本でも「苦しい時の神頼み」という言葉がありますが、普段神さまを信じ礼拝することがない人間が、必要な時だけ神さまを利用することは、まったくもって不遜極まりない行為と考えられています。

十戒の第一戒から第三戒までは、否定の表現（〜するな）が使われていますが、あとで見る第四戒、第五戒は、肯定の表現です。肯定の表現は、神の民の模範を示すことになります。それに対して、否定の表現は、その行為をしなければ、命令を完全に遵守したことになります。肯定の表現は、遵守すべき領域あるいは範囲の出発点を示すだけで、その限界については聞き手の判断に委ねられているわけです。つまり、聞き手が、自らその限界を判断し、「道しるべ」を定める必要があるのです。

旧約聖書は、主なる神さまの名を用いて偽り誓うことを禁じています（レビ19・12）。わたしたちが真実の誓いをするには、主の名を形式的に唱えるのではなくて、「主は生きておられる」と告白し、この生きておられる神さまの前に本当の意味でへりくだることが求められます（エレミヤ4・2）。

主なる神さまの名は、わたしたちが自由にできるものではなく、神さまご自身が明らかにしてくださり、わたしたちに教えてくださった名なのです。その意味で、この世界に存在する事物や生物の名とは根本的に違うものです。この世界の諸事物、諸事象は、すべてわたしたち人間が名づけたものです。その意味で、わたしたちとの関わりの中で名が与えられていますが、神さまの名は、神さまご自身がわたしたちに示してくださった聖なる名です。イザヤ書42章8節には、「わたしは主、これがわたしの名。わたしは栄光をほかの神に渡さず、わたしの栄誉を偶像に与えることはしない」とはっきりと語られています。ですから、わたしたちは自分の誓いや呪いを根拠づけるために、みだりに主の名を唱えることはできません。主の名をみだりに唱えることは、結局は主なる神以外の神を拝む偶像礼拝の罪につながるからです。

イエスさまご自身も、神さまのおられる「天にかけて誓ってはならない。そこは神の玉座である」（マタイ5・34）と語っておられます。天にかけて誓うとは、神を地上に引き下ろすことであり、地にかけて誓うとは、地上の被造物をあたかも神のように利用することだからです。わたしたちは、「主の名を、みだりにとなえてはならない」という十戒の戒めを聞くたびに、神を神とし、神ではないものを神としない信仰の姿勢を保つように導かれます。

問44　第四戒は何ですか。

答　「安息日をおぼえて、これを聖とせよ」です。わたしたちは神さまのものなので、礼拝するための特別な日を大切にしなければならないということです。

出エジプト20・8―11、申命記5・12―15、ネヘミヤ8・9―12、マタイ12・1―8、ヘブライ4・1―11

安息日は、天地万物を創造された神が、七日目に安息されたところに起源があります。申命記5章12節以下には、「あなたの神、主が命じられたとおりに、六日の間働いて、何であれあなたの仕事をし、七日目は、あなたの神、主の安息日であるから、いかなる仕事もしてはならない」と記されています。神さまは、わたしたち人間に、仕事を中断し、主の安息に生きるかけがえのない時を与えてくださったのです。申命記5章15節では、出エジプトの出来事と安息が結び付けられています。神が天地の創造者であることと、エジプトの隷属状態からの解放者、救済者であることを想起することが、安息日の要とされています。

ですから、安息日はただ単に仕事からの解放や休息といった時間ではなくて、創造主なる神を礼拝し、神の言葉を聴くことによって、魂が養われ、安らぎを得るきわめて積極的な意味をもつ時です。ユダヤ人は、金曜日の日没から土曜日の日没までを安息日として守りました。キリスト教では、主イエス・キリストの復活の日、つまり日曜日を安息日とします。

クリスチャンは、神の独り子イエスさまが、十字架にかかり死んで甦ってくださった日、すなわち日曜日の朝に礼拝を守ります。これは、金曜日の日没から安息日を守り続けていたユダヤ教の慣習とはまったく異なります。主イエス・キリストの復活を記念し、復活の日の朝すなわち日曜日にすべての仕事とわざを一度中断して、復活の主イエスさまに心を向けます。

忙しい現代社会では、仕事や家事などを中断することは容易ではありません。しかしながら、主なる神ご自身が、創造のわざを完成させて、自らの働きを一度中断して、安息をとられたように、わたしたちもその日を神の礼拝の時としてすべてささげるように命じられています。このご命令を真剣に聴き、主の復活の日である安息日を大切にするのが、クリスチャンの共通の生き方と言えます。

イエスさまと弟子たち一行が、安息日に麦畑を通ったときのことです。弟子たちは、空腹になって麦の穂を摘んで食べ始めました。するとファリサイ派のユダヤ人たちが、主イエスに、「御覧なさい。あなたの弟子たちは、安息日にしてはならないことをしている」と文句を言いました。

当時のユダヤ人は、救われるためには、安息日を厳守して、律法の規定どおりに過ごすことを求められていました。しかし、主イエスの弟子たちは、そのような慣習におかまいなく、安息日の規定を破って、麦畑で麦の穂を摘んで食べ始めました。それは明らかに律法に違反すると考えて、ファリサイ派のユダヤ人たちは弟子たちを非難したのです。しかし、このとき、イエスさまは、「人の子は安息日の主なのである」（マタイ12・8）と言われました。神の独り子であるイエスさまこそ、創世記2章1―2節で、天地創造のわざを終えて安息された神に等しい方ゆえに、そのイエスさまがおられるところに、すでにまことの安息があります。

安息日には、復活の主がわたしたちと共にいてくださる喜びと安らぎがあります。その日には、わたしたちが集い、主の言葉を聖書から聴き、感謝と賛美の礼拝をささげます。「キリストが死に、そして生きたのは、死んだ人にも生きている人にも主となられるためです」（ローマ14・9）。キリストが主となられたことの恵みを味わう時が安息日です。礼拝において、わたしたちが、賛美と感謝そして祈りをささげるとき、「今日」この時に（ヘブライ4・7）天地創造の最初の人間の姿が、聖霊の働きによって回復されます。神ご自身が安息して、みわざを終えて休まれたように、わたしたちも自分のわざを中断して、この特別な日を大切にいたします。

問45　第五戒は何ですか。

答　「あなたの父と母をうやまえ」です。神さまがわたしたちの父母を与えてくださり、神さまのご支配の中で育ててくださったので、父母を尊び、うやまい、助けるようにするということです。

出エジプト20・12、箴言23・22―25、マタイ15・4―9、ルカ2・41―52、エフェソ6・1―4、コロサイ3・20―21

「あなたの父と母をうやまえ」は、血縁関係にある父母を敬えという道徳的な勧めではありません。

古代イスラエルでは、両親は神への畏れや信仰を子どもたちに伝達する神さまの代理のような存在と考えられました。子どもたちは、神を礼拝する生活と信仰を父母から継承し、それをまた次の世代に伝えました。したがって、父母を敬うとは、信仰の継承と密接に結びついていました。

第四戒の安息日の規定が、神さまを信じる者の時間という秩序の形成を促したのに対して、第五戒は、家庭や社会といったいわば空間の秩序形成を促していると理解することができます。出エジプト記20章12節後半の「そうすればあなたは、あなたの神、主が与えられる土地に長く生きることができる」は、父母を敬う戒めにかかるだけでなく、3節以下の一連の戒めを締めくくるものです。エレミヤ書35章7節や申命記16章20節に見られるように、この句は、一連の戒めや法の結びの言葉として出てきます。「あなたの父と母をうやまえ」という戒めは、2節以下の神に関する戒めによって与えられる祝福に満ちた生を導く戒めです。言い換えれば、神さまのご支配の中にある子どもたちが、父母を尊び、敬い、互いに助け合うという、共同体の中で幸いな人生を送る「道しるべ」なのです。

「～してはならない」という否定の言葉にはよらない戒め、つまり肯定的な言葉による戒めは、第四戒と第五戒のみです。「～してはならない」ということは、一般には、他はしてもよろしいという意味合いを持つでしょう。ところが、第四戒と第五戒は、肯定的に語ることによって、神がわたしたちのためにしてくださったことを深く覚えて、わたしたちもそのようにしようという積極的な生き方を示す戒めとなっています。安息日は、神の安息がモデルです。父母を敬うとは、父母が神を代理して、神の御心を子どもたちに教えるのです。だから、神の御心に従って生きるということを、父母を敬う、つまり父母をモデルにして生きてみたらどうなるかということなのです。箴言23章22節には、

「父に聞き従え、生みの親である父に。母が年老いても侮ってはならない」と記されています。このように考えると、神さまを大切にすることと、父母を大切にすることは、決して対立することではなくて、一つの戒めなのです。神さまが父母を与えてくださったのだから、父母を敬い、助けるように生きることが命じられているのです。

わたしたちは、さまざまな社会の慣習やしきたりを優先して、神さまの戒めを守らない口実としています。これは、イエスさまの時代の人々も同じでした。イエスさまは、ファリサイ派の人々と律法学者が、神への供え物をささげる者は父を敬わなくてもよいと言って、父母を敬えという戒めを破っていると指摘されました（マタイ15・4―6参照）。

わたしたちは、主に結ばれている者として両親に従います（エフェソ6・1）。ヨハネの手紙一2章には、主に結ばれた者には、律法が新しい掟として与えられていることが記されています。まことの光であるイエスさまに照らされた者は、わたしたちをしばりつけると思っていた律法が、わたしたちの感謝の生活を導くものであると記されています。そのように律法を理解し実践することが可能になるのは、イエスの名によって、わたしたちの罪が赦されているからです（Iヨハネ2・12）。

そうであるなら、わたしたちが父母と行き違いになったときに、父母の言うことにただ反抗して、父母をわずらわすのではなくて、自分の思いや行動が、神さまの御心に適っているかをしっかりと考えて祈ることが大切です。父母の言うことは、もちろんすべて正しいわけではありません。しかし、なぜ、父母はわたしにこのように言うのだろうか、なぜ父母を好きになれない感情が湧いてくるのだろうかなどと考え、神さまとの対話の機会を失わないことが大切でしょう。大人も子どもも、試練に直面するたびに、神との対話を通して、神を畏れつつも、神と親しく交わる機会を重ねていくことができます。そこに、神の前に生きる、わたし自身の自己形成のチャンスもあるのです。

このことを理解すると、第五戒「あなたの父と母をうやまえ」は、十戒前半と後半を結びつける大切な戒めであることに気づきます。父母を敬う積極的な生き方は、人と人との関係だけでなく、人と神さまとの関係抜きには、出てこないのです。その意味で、第五戒は、ちょうど扇の要のような位置づけを与えられています。

問46　第六戒は何ですか。

答　「あなたは、殺してはならない」です。わたしたち人間の命は神さまのものです。その命はイエスさまが十字架にかかって贖ってくださったほどに値高いものです。だから、自分の命も含めて、誰の命も粗末にしたり、殺してはならないばかりか、それを愛することを神さまは求めておられるということです。

創世記4・1―16、出エジプト20・13、イザヤ2・4、マタイ5・21―26、マタイ5・43―48、使徒言行録16・25―28、ローマ12・19―21、Ⅰヨハネ3・11―16

「殺してはならない」という戒めは、二人称単数の「あなたは、殺してはならない」という文章です。直訳すれば、「あなたは殺すことはないであろう」「あなたは殺すはずはない」ということになります。信号が赤になったら、運転手は横断歩道の前で停止します。これは当然の規定です。余りにも自明なことなので、「赤信号で止まりなさい」と表示するだけで十分なのです。十戒も同じようなニュアンスを持ちます。イスラエルが神の民であるならば、当然するはずはないゆえに、条件節を一切付すことなく、直接に「~してはならない」と提示します。

第六戒以下は、すでに指摘したように、人と人との関係についての規定が並んでいます。第六戒の「殺す」という言葉は、私的な殺人を意味します。死刑や戦争での殺害は、別な動詞が使われていました。したがって、第六戒は、個人による故意の殺人や過失による殺人に関係したと思われます。

わたしたち人間は、神のかたちに創造されました（創世記1・27）。人間だけが、神さまと人格的に関わり、神さまと対話できる固有の人格として創造されたということです。したがって、神さまにかたどって創造された人間の生命は、私的に奪うことが明瞭に禁じられています。創世記9章6節には、「人の血を流す者は、人によって自分の血を流される。人は神にかたどって造られたからだ」と記されています。

「あなたは、殺してはならない」という戒めは、人の命を奪うだけではありません。人を蔑ろにしたり、いじめたり、疎んじたり、その人格を否定する行為のすべてを含んでいます。イエスさまは、「殺すな。人を殺した者は裁きを受ける」という律法に言及した後、「兄弟に腹を立てる者はだれでも裁きを受ける。兄弟に『ばか』と言う者は、最高法院に引き渡され、『愚か者』と言う者は、火の地獄に投げ込まれる」（マタイ5・21―22）と述べています。さらに、自分で自分の命を傷つけること、自殺することも禁じられます（使徒言行録16・28）。

イエスさまは、弟子の一人ユダによって裏切られました。裏切りとともに、祭司長や民の長老たちの遣わした大勢の群衆が、剣や棒を持ってイエスさまを襲ってきました。イエスさまと一緒にいた者の一人が、手を伸ばして剣を抜き、大祭司の手下に打ちかかって、片方の耳を切り落としたとき、「剣をさやに納めなさい。剣を取る者は皆、剣で滅びる」（マタイ26・52）とおっしゃいました。

わたしたちは、現代社会に生きて、さまざまな試練や困難、不平等や不条理に直面すると、自分だけがなぜこれほど恵まれないのだろうか、あの人は何と幸いで恵まれた人生を送っているのだろうと、疑問と共に嫉妬にとらわれてしまいます。自分の不幸を、他人や社会のせいにして、復讐してやりたいと願うほど憎しみが募る場合もあります。

ある町で、無差別にたくさんの人々を殺傷した青年は、自分だけがこんな不幸な目に遭っているのだから、幸せな人々に復讐してやりたかった、相手は誰でもよかった、と言いました。このような思い自体が殺人です。パウロは、人間の復讐心に対して、「愛する人たち、自分で復讐せず、神の怒りに任せなさい。『復讐はわたしのすること、わたしが報復する』と主は言われる」（ローマ12・19）と語りました。

十戒の「殺してはならない」という命令は、この世界で味わう苦難や試練ゆえに生じる憎しみや憤りから、互いに愛し合う積極的な生き方への転換をわたしたちに求めています。神に供え物をささげながら、神から顧みられなかった兄カインは、弟アベルを妬んで、野原に誘い出して殺害してしまいます（創世記４・８）。兄カインは、「激しく怒って顔を伏せた」（創世記４・５）まま、罪の虜《とりこ》になって、弟殺しを決行します。ヨハネの手紙一３章11節は、「互いに愛し合うこと、これがあなたがたの初めから聞いている教え」ですと語ります。「カインのようになってはなりません」とはっきりと記しています。

わたしたちがカインのようになってはならないのは、神の御子イエス・キリストが、罪と殺意に満ちたわたしたちのために、命を捨ててくださったからです。イエスさまによって、わたしたちは神さまの深い愛を知ります。だから、わたしたちは、殺してしまいたいほどに憎い相手に出会ったときに、「互いに愛し合いなさい」という戒めを真剣に聞きます。これが、わたしたちの感謝の生活を導く律法なのです。

問47　第七戒は何ですか。

答　「あなたは、姦淫してはならない」です。わたしたちの心と体は、神さまのものなので、神さまの御前に純潔を守り、神と人との関係を正しく保つということです。

創世記2・18―25、出エジプト20・14、サムエル下12・1―10、マタイ5・27―29、ヨハネ8・1―11、Ⅰコリント6・12―20、コロサイ3・1―5

古代のイスラエルでは、「姦淫」とは、婚約もしくは結婚関係にある女性が、婚約者もしくは夫以外の男性と性的な関係を持つことを意味しました。この場合、男性も当然のことながら責めを負いました。婚姻関係は、神の定めた秩序に属すると旧約聖書では考えられています（創世記2・24）。わたしたちの心と体は、神さまのものですから、それを自分の身勝手と自分の快楽のためにだけ用いることはできません。姦淫は、神の創造された結婚という秩序を破壊することと考えられ、厳罰に処せられました（申命記22・22）。

旧約聖書の戒めは、現代のわたしたちの生き方をも導きます。現代社会では、人間の性の欲求や快楽が、何か自然的なもので、無制約に肯定されるかのように考えられています。人間の自然的な欲求は、社会の調和や常識に合致する程度のものであれば、誰もが肯定します。現代社会では、姦淫という事柄が持つ固有の問題点を、それ以上掘り下げて考える習慣はほとんどないと言えます。

聖書は、自分の快楽のために、夫と妻という神の定めた結婚の秩序を壊し、快楽と自然的衝動のために自己実現をはかる行動を禁じます。わたしたちの心と体は、そもそも神さまのものであって、それを神さまがお定めになったように大切にしなければならないと考えるからです。

このように述べたからといって、誤解してはならないことがあります。それは聖書が、性的な欲求や快楽そのものを悪だと考えているわけではないということです。神は、男と女を創造した後、彼らを祝福して言われました。「産めよ、増えよ、地に満ちて地を従わせよ」（創世記1・28）。明らかに人間の生殖は祝福されています。しかし、この祝福は、男と女の創造に伴うもので、結婚の秩序を前提としたものでした。この秩序を自ら破壊し、欲望の虜となる人間の姿は、旧約聖書が厳しく弾劾するところとなります。

サムエル記下12章には、自分の部下であったウリヤの妻バト・シェバとの間に姦淫の罪を犯した王ダビデに対する預言者ナタンの言葉が記されています。ナタンは、ダビデの姦淫の出来事の後、ダビデを訪ね、次のような物語を語りました。「二人の男がある町にいて、一人は豊かで、一人は貧しかった。豊かな男は非常に多くの羊や牛を所有していた。貧しい男は自分で買った一匹の雌の小羊のほか何ももたず、ただこの小羊を養い、大事に育てていた。ところが、あるとき、豊かな男に客があって、彼はその客をもてなすために、自分の羊や牛を惜しみ、貧しい男の小羊を取り上げて、自分の客に振る舞った」（サムエル下12・1―4の要約）。ダビデは、この物語を聞くと、その豊かな男について激怒します。そんなことをした男は死罪だとも言います。このとき、預言者ナタンはダビデに向かって言います。「その男はあなただ」（サムエル下12・7）。たとえ王であっても、部下の妻との姦淫は決して赦されることのない大罪なのです。

このように姦淫することへの厳しいさばきは、新約聖書にも見られます。イエスさまご自身が、「あなたがたも聞いているとおり、『姦淫するな』と命じられている」（マタイ5・27）とおっしゃいました。主の教えは、さらに徹底していて、「みだらな思いで他人の妻を見る者はだれでも、既に心の中でその女を犯したのである」（マタイ5・28）とも言われます。姦淫の罪は、わたしたちの心の奥底にまでこびりついたものであることを主イエスはよくご存知であったと言えるでしょう。

しかし、このような姦淫の罪は、わたしたち人間のすべてが身に負っているものであり、その点で、「姦淫してはならない」という十戒の掟は、わたしたちが神さまの前で生きるとはどのようなことなのかを改めて考えさせます。わたしたちが結婚を創造の秩序として重んじ、婚姻の関係以外の性的な関係を持たないのは、それによってわたしたちと神との関係を正しく保ち、神さまの前で純潔を貫くためです。神と人との関係を正しく保つとは、自分の欲求や願望によって支配されずに、神の戒めのとおりに生きるということです。言い換えれば、自分は自分の主人ではなく、神こそわたしの主人であるとの確信のうちに生きるということです。

あるとき、ファリサイ派の人々が、姦通の現場で捕らえられた女を連れて来て、真ん中に立たせ、イエスさまに問いかけました。「先生、この女は姦通をしているときに捕まりました。こういう女は石で打ち殺せと、モーセは律法の中で命じています。ところで、あなたはどうお考えになりますか」（ヨハネ8・3―5）。この質問にもイエスさまを試そうとするファリサイ派の人々の意図が込められていました。このとき、イエスさまはかがみ込み、指で地面に何か書き始められました。しかし、ファリサイ派の人々がしつこく問い続けるので、「あなたたちの中で罪を犯したことのない者が、まず、この女に石を投げなさい」（ヨハネ8・7）と言われました。すると、これを聞いた者は、年長者から始まって、一人また一人と、立ち去ってしまい、最後にイエスさまとその女が残ったのです。

主イエスは、人間の最も深刻な罪の一つ、姦淫の罪をも赦してくださいます。これは、イエスさまが、人間の深刻な罪を大目に見てくださるということではなくて、主にある者は、主イエスから本当の罪の赦しを受け、新たに生きるようにされていることを意味しています。罪赦された人間は、主の体と一体となって、みだらな思いや行いから解放されます。神さまの前に純潔を保つとは、自分の体を「神からいただいた聖霊が宿ってくださる神殿として」、「もはや自分自身のものではない」、主なる神さまのものとして用いることです（Ⅰコリント6・19）。「地上的なもの、すなわち、みだらな行い、不潔な行い、情欲、悪い欲望、および貪欲を捨て去りなさい」（コロサイ3・5）という戒めをも真剣に聞くことです。一度姦淫の罪を犯した者は、主イエスと出会い、罪の赦しをいただくとき、二度と同じ過ちを犯さない悔い改めへと導かれます。

かくして、人間をエジプトにおける隷属状態から解放した神は、男女の関係においても、性的な欲望に支配された人間が、神の秩序を無視し、情欲に支配されることを厳しく戒めているのです。

問48　第八戒は何ですか。

答　「あなたは、ぬすんではならない」です。神さまは、わたしたちに必要なものをすべて与えてくださいます。しかし、自分に与えられたものを恵みと理解せずに、むしろ不満に思って、人に与えられている神さまからの恵みを奪うことが禁じられています。

出エジプト16・13—22、出エジプト20・15、申命記25・13—16、使徒言行録5・1—11、エフェソ4・25—5・1、Ⅰヨハネ3・16—18

「ぬすんではならない」とは、単に物品を盗んではならないということではなくて、人間を盗むすなわち誘拐してはならないということです。旧約聖書では、人間と物とを区別し、前者の盗みを死罪としています。第六戒と第七戒が禁じている殺人と姦淫が共に死罪と定められているゆえに、第八戒もまた、死罪に相当する罪が前提とされていると考えられます。古代社会では、労働力確保のために、誘拐するということが頻繁に行われました。十戒は、誘拐が非人間的な現実を生み出すとともに、イスラエルという共同体の秩序を崩壊させる大きな危険をはらんでいるゆえに、これを明確に禁じています。現代のわたしたちは、人間の誘拐を含めて、大切にしているものを奪い盗むことを第八戒は禁じていると考えることができます。

預言者エゼキエルは、主なる神さまの言葉を次のように取り次ぎました。「主なる神はこう言われる。イスラエルの君主たちよ、もう十分だ。不法と強奪をやめよ。正義と恵みのわざを行い、わが民を追い立てることをやめよと」（エゼキエル45・9）。いつの時代にも、権力者の強奪と搾取は、人々を苦しめ、共同体を破壊しました。今日でもこの事態に変わりはありません。国家が、人間を政治的な目的のために拉致し、家族を破壊し、はかり知ることができないほどの苦しみを人々に与え続けています。ですから、「ぬすんではならない」という戒めは、現代社会にも命じられた掟なのです。クリスチャンは、国家や集団が人を奪い取り、人としての尊厳を傷つける行為の問題性に人一倍敏感であることができます。

人々の生活を破壊し、人々の命と財産を盗む人間の罪は、結局神を畏れることなく、自己本位に生きて、自分の繁栄と富だけを大切にしようとする人間の生き方そのものです。マタイによる福音書19章16節以下は、金持ちの青年が、イエスさまのところにやって来て、「先生、永遠の命を得るには、どんな善いことをすればよいのでしょうか」と質問したところから始まります。主イエスは、その青年に「もし命を得たいなら、掟を守りなさい」と答えます。すると、すかさず青年は「どの掟ですか」と尋ねたので、イエスさまは、「殺すな、姦淫するな、盗むな、偽証するな、父母を敬え。また、隣人を自分のように愛しなさい」と十戒の言葉をもって答えました。すると、青年は、「そういうことはみな守ってきました。まだ何か欠けているのでしょうか」とさらに問います。このとき、イエスさまは、「もし完全になりたいのなら、行って持ち物を売り払い、貧しい人々に施しなさい。そうすれば、天に富を積むことになる。それから、わたしに従いなさい」と言われました。

ここには、この世の富の蓄積によって、人々から奪い、盗んでいる人間の罪が暴かれていきます。十戒の言葉は、わたしたち人間の表面的な生活にだけ適用されるのではなく、富の背後にある構造的な強奪や搾取の現実までも明らかにするものです。申命記には秤の改ざんという不正によって蓄財することの禁止も書かれています（申命記25・16）。わたしたちにとって、最も大切なのは、天に宝を積み、主の御用のために使用することです。

「ぬすんではならない」という戒めに生きる人間は、与えられた財産や富を、神さまのために用いるというきわめて積極的な生き方へと導かれます。神さまのために財産を用いるとは、富は自分だけのものではなく、それを共同体のメンバーと共に分かち合い、有効に用いるということにほかなりません。初代教会におけるアナニアとサフィラのように、土地を売却した代金をごまかした人間には、神の厳しいさばきが下りました（使徒言行録5・1―11）。

聖書が勧める信仰者の生き方は、盗みを働くことなく、苦労して自分の手で正当な収入を得て、困っている人々に分かち与えることなのです（エフェソ4・28）。さらに同胞が困窮しているときに、同情し、手助けすることです（Ⅰヨハネ3・17）。言葉や口先だけではなく、行いをもって誠実に愛し合うことが求められます。なぜなら、わたしたちもまた、神さまによって、愛され、助けられ、必要なものをすべて与えられているからです。「わたしたちは、何も持たずに世に生まれ、世を去るときは何も持って行くことはできない」（Ⅰテモテ6・7）のです。わたしたちは、神さまから与えられたものを感謝して受けるべきです。不満に思って、人から盗み奪い取ってはなりません。「食べる物と着る物があれば、わたしたちはそれで満足すべきです。金持ちになろうとする者は、誘惑、罠、無分別で有害なさまざまの欲望に陥ります。その欲望が、人を滅亡と破滅に陥れます」（Ⅰテモテ６・８―９）。

わたしたちは、必要なものは、神さまがすべて与えてくださるという信頼に生きるとき、自分の大切なものを他者のためにささげ、与える喜びを知ることができます。自分が第一の生き方では、与える喜びを知ることは決してできません。与える喜びは、神さまから与えられている喜びに生きる者が味わうことができる喜びです。

問49　第九戒は何ですか。

答　「あなたは、隣人について、偽証してはならない」です。偽りや嘘や悪口を語って人を悲しませたり、困らせたりしてはいけないということです。わたしたちはイエスさまによって真実を語る者とされているからです。

出エジプト20・16、申命記19・15―19、詩編15・１―５、マタイ15・10―20、コロサイ３・16―17、Ⅰペトロ３・８―14、ヤコブ３・１―12

「隣人について、偽証してはならない」は単に嘘をつくことを意味するのではなく、裁判における偽証の禁止を命じた戒めです。裁判における偽証は、共同体内の正しい人間の名誉を傷つけるとともに、裁判を誤らせて社会的な公正を破壊し、共同体を崩壊させます。

申命記19章15節以下には、古代のイスラエルにおいても、裁判の際の証人として、二人ないし三人が求められ、不法な証人が相手の不正を証言する際には、係争中の両者は、主の前に出ることも求められています。偽証の禁止は、人と人との信頼関係に関わるだけではなく、人と神との関係の問題と考えられています。

現代のわたしたちは、十戒の第九戒を、裁判における偽証だけでなく、家族や隣人に対して、また教会内で嘘をつくことの禁止を意味していると理解することができます。嘘もまた、家族の絆を壊し、地域や共同体、教会という信仰者の群れの一致と絆を失わせていきます。一つの小さな嘘が、さらに大きな嘘を誘発し、取り返しのつかない不信と対立が生じます。

詩編の詩人は、主の幕屋に住むことができる人は、「完全な道を歩き、正しいことを行う人。心には真実の言葉があり、舌には中傷をもたない人」（詩編15・2）と歌っています。わたしたちは、イエスさまと出会うことによって、真実を語る者とされました。イエスさまご自身が、決して偽りを語らず、真実に生きられたからです。ですから、嘘や悪口を語って人を悲しませたり、困らせたりするのではなく、真実の言葉をもって隣人に接することがクリスチャンの生き方です。

わたしたちは、なぜ嘘をついてしまうのでしょうか。小さな子どもが嘘をつくことは、人間としてのある種の成長のしるしだとも言われます。確かに人間と嘘とは切り離すことはできません。嘘をついたことのない人間はいないでしょう。しかし、人間の大きな問題は、方便としての嘘や自分自身の弱さゆえにつく嘘にとどまらずに、いつのまにか他者を陥れ、辱めるような嘘をつくことにあります。イエスさまが語られたように、「口に入るものは人を汚さず、口から出て来るものが人を汚す」（マタイ15・11）のです。口から出るものは、わたしたちの悪しき心から出てくるものです。悪意や殺意、姦淫、みだらな行い、盗み、偽証、悪口などは、心から出てきて、人を汚すのです（マタイ15・19）。人が嘘をつくのは、心の中にある自分の悪しき欲望を実現させたいと願う、一種の自己神化の罪の結果です。小さな嘘は、人間の根深く深刻な罪の現実と結びついています。

自分が共同体の主人公になり、自分が全体を動かしたいと願う人は、しばしば嘘をつきます。さらにある人には真実を語りながら、ある人にはまったく反対の嘘をつくことで、分裂と疑心暗鬼を起こさせ、共同体の一致を壊します。

わたしたちが、神さまの前に正しく生きるために、嘘をつかないようにしよう、真実を語ろうと思っても、それは容易には叶いません（ヤコブ３・８）。わたしたちの同じ口から賛美と呪いが出てくるのが、わたしたちの現実です（ヤコブ３・10）。

そこで、わたしたちは、主なる神の助けによって、悪しき思いや悪口、偽証、悪意や殺意などに代わって、キリストの言葉がわたしたちのうちに宿るようにすることが大切です（コロサイ３・16）。キリストの言葉をうちに宿すためには、礼拝に出席し、御言葉を真剣に聴き、聖餐に正しくあずかることです。そして、「知恵を尽くして互いに教え、諭し合い、詩編と賛歌と霊的な歌により、感謝して心から神をほめたたえなさい」（コロサイ３・16）との勧めどおりに生きることです。

ペトロの手紙一３章10節は、神の祝福を受け継ぐために召されたクリスチャンの生き方を次のように記しています。「命を愛し、幸せな日々を過ごしたい人は、舌を制して、悪を言わず、唇を閉じて、偽りを語らず、悪から遠ざかり、善を行い、平和を願って、これを追い求めよ」（Ⅰペトロ3・10―11）。偽証や嘘から自由な生き方こそ、クリスチャンの祝福された生なのです。

問50　第十戒は何ですか。

答　「あなたは、隣人の家をむさぼってはならない」です。もはや人のものを欲しがったり、ねたんだりすべきではないということです。わたしたちは神さまからの最高のプレゼントであるイエスさまが与えられているのですから、むしろイエスさまが与えてくださる恵みをより一層求めるべきです。

出エジプト20・17、ヨシュア7・24―25、詩編51・1―14、ルカ12・13―21、ローマ7・7―12

「隣人の家をむさぼってはならない」とは、人間の内面の欲求に負けて、本来欲してはならない、他者の財産や権利を侵害することを禁止する戒めです。「隣人の家」とは、古代のイスラエルでは、隣人の妻、男女の奴隷、家畜などの財産などを意味しました（出エジプト20・17）。現代のわたしたちにとっては、隣人の財産や権利などを指していると考えてよいでしょう。

わたしたちは、最も身近なところにある他者の所有物を欲します。なんとかして自分のものにしたいと画策します。ヨシュア記7章に出てくるアカンは、神さまにささげるべきものの一部を盗んで自分のものとしました。主は激しく憤り、アカンはやがて滅ぼされます。

わたしたちが、アカンのように隣人の財産を欲するのは、主に信頼し、主に自らを完全に委ね切れないからです（詩編37・3―4）。主なる神さまの主権と慈しみを本当には信じ切れず、自分が隣人の家を欲し、その財産を得ることで、安心立命を得ることを求めます。

イエスさまは、山上の説教において、野の花、空の鳥を見るように勧め、「今日は生えていて、明日は炉に投げ込まれる野の草でさえ、神はこのように装ってくださる。まして、あなたがたにはなおさらのことではないか」（マタイ6・30）と語りかけました。この世界で最も小さな生き物でさえ、神は養い育ててくださるのなら、わたしたち人間が、自分の命のことで思い悩む必要はないのです。わたしたちが求めるべきものは、「神の国と神の義」（マタイ6・33）です。

わたしたちには、神さまから、イエスさまという最高のプレゼントが与えられているのですから、人の物を欲しがったり、人の持ち物をうらやんだり、持っている人をねたんだりすべきではありません。むしろ、イエスさまが与えてくださる恵みを一層求めるべきです。もし、わたしたちがこのことを忘れ、自分の財産を増やすことに心奪われているなら、それは主イエスのたとえのように、大きな倉を建てて、そこに穀物や財産をみなしまって、蓄えに満足していた矢先に、神さまから命を取り去られる愚かな金持ちと変わるところはありません。その金持ちは、「自分のために富を積んでも、神の前に豊かにならない」（ルカ12・21）人間の典型だからです。

わたしたちが、イエスさまを最高のプレゼントとして受け入れるためには、イエスさまのご生涯と死と復活の出来事に目を向けねばなりません。イエスさまのご生涯は、すべて聖書に記されています。聖書が証言するイエスさまは、わたしたちのために十字架にかかり、苦難を経て死んで復活することによって、わたしたちを救いへと導いてくださいます。このイエスさまの救いの出来事は、歴史の中に起こりましたが、信仰の目によって初めて、わたしのための出来事であったことが分かります。信仰がなければ、イエスさまのご生涯は、一人の人生の師の生涯にすぎません。イエスさまのご生涯に、わたしたちのための救いのご決意を読み取ることはできません。

わたしたちは、信仰ゆえに、ナザレ人イエスこそ、わたしたちの罪のために死に、罪を贖うために、死より復活されたことを確信します。この恵みの大きさゆえに、わたしたちは金銭に執着しない生活を送ります。わたしたちは今持っているもので十分満足します（ヘブライ13・5）。パウロは、復活の主イエス・キリストに出会って回心しました。熱心なファリサイ派のユダヤ人から、キリストの伝道者となりました。かつては、ヘブライ人の中のヘブライ人、律法の義については非のうちどころのない者だったことを誇っていたパウロは、「わたしの主キリスト・イエスを知ることのあまりのすばらしさに、今では他の一切を損失とみています」（フィリピ3・8）と語っています。

問51　これらの律法をすべて守ることができますか。

答　いいえ、できません。それがわたしたちの罪です。けれども律法の完成者であるイエスさまによって、罪赦されたわたしたちは、この教えに従って新しく生きることができるのです。

詩編130・1―8、エレミヤ31・31―34、マタイ5・17―20、マタイ7・7―11、ルカ18・1―8、ローマ3・9―20、エフェソ4・17―24、Iテサロニケ5・16―18

わたしたちは、神さまがくださった十戒をすべて守ることはできません。わたしたちは、心の中で姦淫の罪を犯し、人の物を絶えず欲し、嘘をついてしまいます。わたしたちの心は歪んでいますから、してはならないことを分かっていても、神さまの御心に適わない行いへと進んでしまいます。パウロが、ローマの信徒への手紙3章10節で語るように、「正しい者はいない。一人もいない」のです。

しかし、わたしたちは、イエスさまご自身が、わたしたち罪人を愛してくださって、「神と隣人を愛しなさい」という律法の完成者となってくださったことを知らされています。イエスさまは、隣人を愛することも、神さまを愛することもできず、いやそれどころか神さまの独り子イエスさまを十字架につけた張本人であるわたしたちの罪を赦してくださいました。このイエスさまによる罪の赦しによって、わたしたちは新しく生きることができます。それまで律法の行いによって救われると考えていた人々は、イエスさまの愛と赦しを信じる信仰によって救われることを教えられました。

すでに旧約の預言者エレミヤは、神さまと人間の間に新しい契約が結ばれる日がイスラエルの民に到来することを預言しています（エレミヤ31・31）。それは、律法が人々の心に記され、神さまがイスラエルの神となり、イスラエルが神さまの民とされる新しい時の到来です。エレミヤは、「そのとき、人々は隣人どうし、兄弟どうし、『主を知れ』と言って教えることはない。彼らはすべて、小さい者も大きい者もわたしを知るからである、と主は言われる」（エレミヤ31・34）と預言しました。

エレミヤの言う「新しい契約」は、イエスさまの死と復活によって実現しました。神さまの独り子にして、まことの神でありまことの人であるイエスさまが、わたしたちの世界に来てくださったゆえに、わたしたちはもはや主を知りなさいと言って互いに教え諭す必要も、律法を一点一画すたることなく守らなければという行為に強迫的に駆り立てられる必要もなくなりました。罪赦された者は、罪の心に留まることなく、心を挙げて、神さまの前に生きます。

もしわたしたちの罪が、神さまの心に留められたままであるなら、わたしたちは生きるすべを失います。詩編の詩人は、「主よ、あなたが罪をすべて心に留められるなら、主よ、誰が耐ええましょう」（詩編130・3）と歌いました。詩人は神さまの赦しの素晴らしさと恵みの大きさをよく知っています。詩人は、罪の淵から解き放たれて、贖い主である神さまによって罪から救われることを待ち望んでいます（詩編130・5—8）。

神さまの独り子イエスさまは、わたしたちの世界に「律法の完成者」としてお出でになりました。「わたしが来たのは律法や預言者を廃止するためだ、と思ってはならない。廃止するためではなく、完成するためである」（マタイ5・17）。イエスさまは、神さまが与えた戒めをどうでもよいとは考えませんでした。神さまの律法の掟を一つでも破り、そうするように教える者がいたならば、それは、「天の国で最も小さい者と呼ばれる」（マタイ5・19）とも言われました。

イエスさまが語ったことは、決して人間が律法の行いによって救われるということではなくて、律法を行うことによって、律法をすべて守りえない自分自身の弱さと罪を自覚するためでした。そのような意味で、律法は、わたしたちをキリストへと導く養育係なのです（ガラテヤ3・24）。わたしたちは、律法の完成者となることはできません。律法の完成者であるイエスさまが、十字架の苦難と死、そして復活によって、神と人を愛するという十戒の戒めをすべて完成させてくださいました。

わたしたち人間は、律法を行い完成することによってではなく、この律法の完成者であるイエスさまを信じることによって、救われるのです。律法が、わたしたちをキリストへと導く養育係となったのは、わたしたちが信仰によって義とされるためでありました（ガラテヤ3・24）。

律法のもとにいる人間は、キリストとの出会いによって、新しく生まれ変わります。ヨハネによる福音書1章は、イエスさまと出会って新しく生きるようになったユダヤ人ナタナエルの物語を記しています。フィリポが、あるときイエスさまに出会い、「わたしたちは、モーセが律法に記し、預言者たちも書いている方に出会った。それはナザレの人で、ヨセフの子イエスだ」（ヨハネ1・45）と言います。するとナタナエルは、「ナザレから何か良いものが出るだろうか」と答えます。このときフィリポは、イエスのところへナタナエルを連れて行きます。すると、イエスさまの方から、ナタナエルの名を呼び、ナタナエルを受け入れてくださいました。ナタナエルは、「ラビ、あなたは神の子です。あなたはイスラエルの王です」と述べて、信仰を言い表します。何気ない物語ですが、ここには律法を教え、律法のもとに長く生きてきたナタナエルが、そこから救い出されて、イエスさまのもとで、イエスさまを信じて生きるようにされたことが記されています。

キリストのもとで、キリストのご支配に生きる者は救われます。たとえ律法を完全には守ることができなくとも、キリストへの信仰によって、万物を新しくするキリストのお力によって、罪の支配をすべて打ち砕いていただいて生きることができるのです。イエスさまは、アルファであり、オメガです。初めであり、終わりです（黙示録21・6）。わたしたちの生き方を終わりの日に向けて整えてくださる方でもあります。

もし、イエスさまを信じることなく、不信仰にとどまり、人を殺し、みだらな行いや偶像崇拝を続けるなら、神さまは、わたしたちを必ずさばくでしょう（黙示録21・8）。だから、聖書は、わたしたちに、終末の日にさばかれる者とならずに、主にあって喜びに生きる者となるよう勧めています。わたしたちは、すでに「キリストについて聞き、キリストに結ばれて教えられ、真理がイエスの内にあるとおりに」（エフェソ4・21）生きることを学びました。だから、以前のような生き方をして情欲に迷わされ、滅びへと向かうのではなくて、十戒の掟を、罪赦された者の感謝の生活を導く「道しるべ」として捉え、「心の底から新たにされ、神にかたどって造られた新しい人を身に着け、真理に基づいた正しく清い生活を送るようにしなければなりません」（エフェソ4・23―24）。ここに、新しく生きるクリスチャンの喜びと幸いがあります。テサロニケの信徒への手紙一5章は、主に結ばれて生きる信仰者の生き方を記しています。愛をもって心から尊敬し合い、互いに平和に過ごし、悪をもって悪に報いるのではなく、すべての人に善を行うように努めることなどを示した後、次のように語ります。「いつも喜んでいなさい。絶えず祈りなさい。どんなことにも感謝しなさい。これこそ、キリスト・イエスにおいて、神があなたがたに望んでおられることです」（Ⅰテサロニケ5・16―18）。

第６章　主の祈り

問52　なぜわたしたちは祈るのですか。

答　神さまがわたしたちに祈ることを求めておられるからです。

詩編116・12―19、イザヤ56・6―7、マタイ7・7―11、ルカ18・1―8、Ⅰテサロニケ5・16―18

わたしたちは神さまによって「神にかたどって」造られました。神にかたどって造られたとは、神さまとお話することができ、神さまに祈ることができるということです。祈ることは、わたしたち人間の本来の姿を取り戻すことです。神さまは、わたしたちが本来の姿を回復するために、祈ることを求めておられます。

日本でも知られている絵画に、ミレーの「晩鐘」があります。農夫たちが、夕べの鐘の音に合わせて、仕事を止めて祈っている姿が描かれています。畑の向こうに、かすかに教会堂が見えます。そこから鐘の音が聞こえてくるかのようです。祈る農夫たちの姿に、わたしたちが癒しと安らぎを覚える

ミレー「晩鐘」

のは、忙しく立ち働く人間が立ち止まって祈る姿に、人間本来のかたちを認めるからではないでしょうか。天地創造の最初の人間たちの姿、神と向かい合い、神と共に生きていた人間の姿と重なります。

さて、祈りについて考える前に、まず祈ってみましょう。声に出して、「神さま」と呼びかけてみましょう。初めは、少し勇気がいるかもしれません。祈るとき、わたしたちは神さまの前に出て、自分をさらけ出さねばならないからです。罪を犯したアダムとエバのように、木の間に身を隠していたままでは祈れません。

今まで祈ったことがなくても、勇気を出して「神さま、今日も恵みを与えてくださって感謝します」と就寝前に祈ってみましょう。食事の前にも「神さま、一日の糧を感謝します」と祈ることができます。祈りは、神さまとの対話であり、魂の呼吸です。祈りがなくなると、人間は傲慢になります。あたかも自分の力で生きているかのように錯覚してしまいます。自分を守る鎧や見せかけを生涯にわたって脱ぐことができなくなります。祈ることで、わたしたちは、自分を装う言葉を脱ぎ捨て、感謝という献げ物をします（詩編116・16）。さらにかけがえのない生命をくださった神さまへの賛美をささげます。

祈り続ける生活から、わたしたちは主のご計画を知るようになります。今までは、自分中心で、自分の時間と計画に従って生きていた魂は、神さまの御旨を問い、やがてそれを受け入れるようになります。

祈りは、時に神さまに激しく求める言葉ともなります。わたしたちは家族や友の病が癒されるように真剣に祈ります。自分が直面した試練から逃れられるように祈ります。求めるように祈ることも祈りの大切な側面です。マタイによる福音書7章7節でイエスさまは、「求めなさい。そうすれば、与えられる。探しなさい。そうすれば、見つかる……」と約束しておられます。「あなたがたのだれが、パンを欲しがる自分の子供に、石を与えるだろうか。魚を欲しがるのに、蛇を与えるだろうか」とも述べています。神さまは、わたしたちが祈り求めるとき、必ずその祈りを聞いてくださいます。

そこで、絶えず祈ることが大切です（Ⅰテサロニケ5・17）。日々時を定めて祈りましょう。どんなことにも感謝をささげ、祈らないように誘惑するものから身を遠ざけ、神がわたしたちに何を望んでおられるかを吟味しましょう。

しかし、絶えず祈るべきことが分かっていても、祈れなくなるときがあります。自分の仕事がうまくいかないとき、家族の関係が壊れてしまったとき、学業が滞ってしまったとき、健康を損ねたとき……。思いもかけない試練がやって来ると、祈るどころではないとわたしたちは考えてしまいます。しかし、祈らないことは、最も大きな罪です。なぜなら、祈らないということは、わたしたちを創造し、愛してくださる神さまのことを忘れ、神のかたちに創造されたわたしたちが本来のあり方から離れていくことだからです。それは、神さまが求めておられる祈りのご命令に背くことになります。

「どのように祈ったらよいか分からなくなりました」。こう思うときこそ、神さまを信頼しましょう。言葉が出なくなったときにも、神と向き合うとき、神の霊つまり神ご自身が言葉に表せないうめきをもって執り成し、わたしたちを憐れんでくださいます（ローマ8・26）。祈れなくなったときこそ、神が働きかけて、祈りの言葉を与えてくださると信じ、神さまの前から撤退するのではなく、神さまに一歩近づきましょう。かろうじて一言、「神さま、助けてください」という祈りもまた、立派な祈りなのです。

問53　わたしたちが祈るとき、どのような恵みが与えられますか。

答　わたしたちが神さまに近づき、親しく語り合う恵みが与えられるのです。

サムエル上3・1—18、ネヘミヤ1・5—11、詩編32・5—7、詩編63・7—9、詩編69・14—19、フィリピ4・4—7

わたしたちが祈るとき、神さまは、わたしたちの祈りの言葉に必ず応えてくださいます。サムエル記上3章1節以下には、年老いた祭司エリに仕えていた少年サムエルの物語が描かれています。ある日、目がかすみ、ものを見るにも不都合を感じたエリは自分の部屋で床についていました。このとき、サムエルは、神の箱が安置されている主の神殿に寝ていて、そこで番をしていました。すると、主なる神さまがサムエルに呼びかけました。声を聞いたサムエルは、「ここにいます」と答えて、エリのもとに走ります。「お呼びになったので参りました」。サムエルは、神さまに呼ばれていたことに気づかず、祭司エリがお呼びになったと勘違いしていたのです。三度、神の呼びかけが続いた後、祭司エリは、主なる神に呼びかけられていることに気づきます。エリはサムエルに言いました。「戻って寝なさい。もしまた呼びかけられたら、『主よ、お話ください。僕《しもべ》は聞いております』と言いなさい」。

紀元前五世紀の半ば、イスラエルの指導者ネヘミヤは、ユダの国がバビロンの侵略によって荒廃したまま復興されない現実を見て、深く嘆き悲しみました。彼は、「座り込んで泣き、幾日も嘆き、食を断ち、天にいます神に祈りをささげ」（ネヘミヤ1・4）ました。「おお、天にいます神、主よ、偉大にして畏るべき神よ、……耳を傾け、目を開き、あなたの僕の祈りをお聞きください」（ネヘミヤ1・5—6）。ネヘミヤの祈りは、やがてエルサレムの城壁の修復が実現することによって、神さまに聞かれました。わたしたちの祈りは、神さまの呼びかけへの応答であるとともに、わたしたちの側の執拗で熱心な求めでもあります。

わたしたちの祈りは、独り言ではないということを理解することが大切です。時に、神さまの御声に耳を澄まして聴くことであり、また時に主なる神さまの執拗な呼びかけに対する応答となります。

神の呼びかけに対する応答は、神の言葉を聴くことから始まります。「聴く」という言葉は、耳へんに十四の心と書くのだとある方から教わったことがあります。若くみずみずしい十四歳の心をもって、神の言葉を受け入れ、サムエルのように、「僕は聞いております」と語って、神さまの前に生きること、これが、神の求めておられることと考えれば、こじつけとは言えないでしょう。

詩編63編7節には、「床に就くときにも御名を唱え、あなたへの祈りを口ずさんで夜を過ごします」と書かれています。この言葉は、ダビデがユダの荒れ野にいて、敵に囲まれていたときの歌とされています。ダビデの魂も体も、疲れ切って、渇き果てていますが、それでも、神への祈りを止めることはありません。神への祈りにおいて、わたしたちは、神を近くに感じます。

新約聖書では、近くに来てくださった神のお姿は、神の独り子イエス・キリストの受肉と苦難によってさらにはっきりと示されます。わたしたちとまったく同じ試練と苦しみをイエスさまが経験してくださいました。神の独り子が、わたしたちのために僕《しもべ》のかたちをとり、父なる神の怒りを、わたしたちに代わってすべて受け止め、それによってわたしたちは生きるようにされました。そこに、わたしたちは神の近さを感じます。神が近くに来てくださったという恵みの中で、わたしたちは常に罪赦されていることの感謝と喜びを忘れません。フィリピの信徒への手紙4章で、獄につながれていたパウロが、フィリピの教会の人々に、「主において常に喜びなさい」と勧めるのも、この理由によります。

またわたしたちは、キリストゆえに、わたしたちが悪の道を歩まず、悪から遠ざかるように祈ります。キリストに近づけば近づくほど、わたしたちは悪と罪の問題に敏感になるでしょう。「主は真実な方です。必ずあなたがたを強め、悪い者から守ってくださいます」（Ⅱテサロニケ３・３）。

問54　祈るときに大切なことは何ですか。

答　神さまだけが最も良いものを与えてくださることを信じて感謝し、熱心に求めることです。

創世記32・23―31、サムエル上１・10―28、詩編62・６―９、ルカ11・５―13、ヤコブ５・13―18、Ｉヨハネ５・13―15

祈るときに大切なことは、神さまだけが良いものを与えてくださることを信じて、神さまにすべてをお委ねして祈ることです。さらに自分の願いや欲求をまず語るよりも、まず主の言葉を聴き、主の御旨を推しはかることです。さらに、主の日ごとに礼拝に集い、真剣に御言葉の説教に耳を傾け、神の助けを信じて祈ることです。

もちろん、祈りはいつも受け身というわけではありません。神さまが、わたしたちに何を求めておられるのかを知るために、心を注ぎ出して（詩編62・９）熱心に祈ることも大切です。あるときには、神さまと格闘するくらいの姿勢も必要です。

創世記32章23節以下には、ヤコブがヤボクの渡しを渡ろうとしたときの不思議な出来事が書かれています。ヤコブは、家族と共に旅をして、故郷の兄エサウとの再会を目指していました。家族や召使いを川の向こうに渡らせた夜、何者かが夜明けまでヤコブと格闘しました。ヤコブには勝てないと見るや、相手はヤコブの腿の関節を打ってはずしてしまいます。それでもヤコブは、何者かを離しませんでした。「もう去らせてくれ、夜が明けてしまうから」とその人は言いました。しかし、ヤコブは答えます。「いいえ、祝福してくださるまでは離しません」。

信仰者の生活には、このような時に激しく執拗な祈りが求められます。神の御心を変えるような祈りです。このような祈りを神はお聞きくださいます。サムエル記上1章には、預言者の一人サムエルの誕生の物語が記されています。サムエルの母となるハンナには、子どもがありませんでした。子どもが与えられないゆえに、多くの苦しみを味わっていました。そこでハンナは悩み嘆いて主に祈ります。時に激しく泣きながら、「男の子をお授けください」と祈りました。あるとき神殿に上り、長く祈り続けるハンナの姿を見た祭司エリは、あまりの長さに酒に酔っていると勘違いします。エリは言います。「いつまで酔っているのか。酔いをさましてきなさい」。するとハンナは言います。「いいえ、祭司様、違います。わたしは深い悩みを持った女です。ぶどう酒も強い酒も飲んではおりません。ただ、主の御前に心からの願いを注ぎ出しておりました。はしためを堕落した女だと誤解なさらないでください。今まで祈っていたのは、訴えたいこと、苦しんでいることが多くあるからです」。ハンナの祈りを主なる神は聞かれました。ハンナはやがて男の子を産みます。

神を信じ、信仰に基づく祈りを神は必ず聞いてくださいます（ヨハネ15・7）。ヤコブの手紙5章15節は、「信仰に基づく祈りは、病人を救い、主がその人を起き上がらせてくださいます」と記しています。

しかし、祈りが聞かれるとは、祈るわたしの思いどおりになることとは違います。まったく予想もつかない結果が起こることもあります。祈り願ったこととはまったく違った出来事が起こることもあるのです。しかし、そのようなかたちで、主なる神は、わたしたちの祈りを聞いてくださっていることに気づくことが大切です。わたしたちの祈りは、ただ自分の思い、自分の自己実現の欲求にすぎないことがあります。神の御心に適う祈りではない場合、神は予期したこともない道をわたしたちに示してくださいます。これもまた、祈りが聞かれたしるしなのです。

問55　わたしたちは、どのように祈ったらよいでしょうか。

答　イエスさまが主の祈りにおいて教えてくださったようにです。主の祈りには、わたしたちが祈るべきすべてがあります。

マタイ６・５―13、ルカ11・１―12、ヨハネ15・７

わたしたちは、どのように神さまに祈ったらよいでしょうか。確かに父や母がクリスチャンであるなら、家族で共に祈ることもあるでしょう。食卓の祈り、就寝前の祈りの慣習を積み重ねると、祈りの言葉は、空気のように生活に充満して、いつのまにか身に付いていくものです。しかし、家族の中で自分だけが教会に通うようになり、初めて声に出して祈る順番が回ってきたとき、わたしたちはどれほど緊張するでしょうか。言葉に詰まってしまって、あとが続かない経験をすることもしばしばあります。

わたしたちがどのように祈ったらよいか分からないとき、イエスさまが教えてくださった主の祈りをまず唱えましょう。マタイによる福音書とルカによる福音書にこの祈りは紹介されています。

主の祈りは、約二千年間すべてのクリスチャンによって重んじられ、祈りの模範となってきました。ある人は、「祈りの学校」と呼んだほどです。わたしたちが祈るべきこと、祈りとは何かが余すところなく示されています。

まず主の祈りの全文を掲げましょう。


「天におられるわたしたちの父よ、み名が聖とされますように。み国が来ますように。みこころが天に行われるとおり地にも行われますように。わたしたちの日ごとの糧を今日もお与えください。わたしたちの罪をおゆるしください。わたしたちも人をゆるします。わたしたちを誘惑におちいらせず、悪からお救いください。国と力と栄光は、永遠にあなたのものです。アーメン」。

詩編の詩人は、「主よ、わたしに答えてください」(詩編119・145)と天におられる神さまに呼びかけました。詩人が神さまに呼びかけたのは、救いを求めてでした。「あなたを呼びます。お救いください」。わたしたちの救いは、わたしたちの罪が赦されることです。罪と死の力が、わたしたちを捕らえ、わたしたちを苦しめ、わたしたちを本当の自分から遠ざけています。主の祈りを祈ることによって、わたしたちは罪からの救いという、わたしたちが最も望んでいる事柄をどのように父なる神さまに祈るべきかが示されています。イエスさまの祈りの言葉で祈ることによって、わたしたちはイエスさまにつながっており、イエスさまの祈りがわたしたちの内に常にあることを知ります。イエスさまが主の祈りを教えてくださったのは、この祈りの言葉がわたしたちの内に常にあり、試練や艱難の時も、祈ることを忘れないためです。

病床にある人々と共に、しばしばわたしたちは主の祈りを祈ります。祈れないほどの試練と苦痛がわたしたちの生涯を襲うときも、祈りの言葉からわたしたちは離れることはありません。イエスさまが教えてくださった祈りがあるとは、何と大きな恵みでしょうか。

イエスさまは、祈る言葉を失うほどの試練や労苦の中にあるわたしたちに主の祈りを教えてくださいました。この主の祈りの背後には、イエスさまがわたしたちに先立って祈っていてくださる事実があります。マルコによる福音書1章35節以下には、ガリラヤ伝道を始めてまもない頃のイエスさまと弟子たちの活動の様子が描かれています。夕暮れ時から、夜遅くまで病気の人、悪霊につかれた人々を癒した弟子たちとイエスさまは、疲れ果てて床に就いたに違いありません。翌朝、弟子たちが目を覚ますと、主イエスの寝床がからっぽなのです。驚いた弟子たちがあたりを探すと、朝まだ暗いうちに、イエスさまは起きて、人里離れた所で祈っておられました。主イエス・キリストは、わたしたちが眠りこけている間にも、祈り続けてくださっています。まどろむことも眠ることもなく、わたしたちの救いのために祈りをささげる神さまのお姿が、主の祈りの背後にはあるのです（詩編121・3—4）。

問56　**主の祈りは、どのような言葉で始まっていますか。**

答　**「天におられるわたしたちの父よ」です。わたしたちは、イエスさまによって神さまの子どもとされたので、天におられる神さまを「父よ」と呼びかけることから始めます。**

イザヤ63・16、詩編103・6—13、マルコ14・32—36、ルカ23・34、ヨハネ17・1—5

天におられるのは、イエス・キリストの父なる神です。天とは、神のおられるところです。神さまの創造された天と地の「天」ではありません。神の独り子イエスさまは、復活した後、天に昇られました。そこから、わたしたちを見守り、聖霊を注いで、わたしたちとわたしたちの教会を導いてくださいます。天には、昇天した御子イエス・キリストと父なる神の交わりが満ちています。「父よ」と呼びかけるとき、わたしたちはその交わりへと心を挙げ、天来の栄光をいただきます（ヨハネ17・5）。

神さまは、イスラエルという民の歴史においても、「父」と呼ばれました。預言者イザヤは、「あなたはわたしの父です」と神さまに呼びかけています。父なる神さまは、人間の父のように、子を愛し、子を助けてくださるのです。わたしたちの悪い行いを見れば、わたしたちをさばき罰せずにはおれません。しかし、父なる神は、人間の父と違って、憐れみが限りなく深く、恵みに富み、忍耐強く、慈しみは際限のないほど大きいのです。それは、神さまが、愛する御子イエスさまを、わたしたちの罪の贖いのために、わたしたちにくださったという出来事に現れています。ですから、父なる神の名は、

「永遠の昔から」神さまの名とされてきました（イザヤ63・16）。

主の祈りが、「天におられるわたしたちの父よ」という呼びかけで始まっているのは、イエスさまの父なる神さまを、わたしたちが「わたしたちの父よ」と呼びかけることを許していただいているからです。イエスさまは、父なる神さまに、「アッバ、父よ」と呼びかけました。ゲッセマネの園の祈り（マルコ14・32以下）には、やがて十字架にかかり苦難を受けるイエスさまが、たった一人で祈る姿が記されています。一番親しい弟子たちは、「わたしは死ぬばかりに悲しい。ここを離れず、目を覚ましていなさい」というイエスさまの言葉にもかかわらず、イエスさまの苦しみを理解できず、眠りこけてしまいます。主イエスは、少し進んで行って地面にひれ伏し、できることなら、この苦しみの時が自分から過ぎ去るようにと願い、「アッバ、父よ、あなたは何でもおできになります。この杯をわたしから取りのけてください。しかし、御心に適うことが行われますように」と祈られました。

主の祈りは、地上の苦難を経験したイエスさまの祈りに基づきます。イエスさまが、わたしたち人間のために試練と苦難を通して、救いの道を開いてくださったので、わたしたちもまたイエスさまの父なる神を、あたかも本当の父であるように、「父なる神よ」と呼びかけることができるのです。主の祈りの冒頭は、イエスさまの救いの恵みを知るとき、心の底から発することができる言葉です。

「天におられるわたしたちの父よ」と呼びかけて祈りを始めるとき、わたしたちは神さまの前で、小さな子どものようになります。たとえ、どれほどこの世で経験があっても、学者でも、実業家でも、教師でも、どれほど立派な親でも、神さまの前では、小さな子どもです。しかし、神さまの前で小さな子どもになったとき、わたしたちは、イエスさまが、子どもを呼び寄せ、「はっきり言っておく。

心を入れ替えて子供のようにならなければ、決して天の国に入ることはできない」（マタイ18・3）という主イエスご自身の言葉を改めて噛みしめます。「アッバ、父よ」と呼ぶことを可能にしてくださるのは、神さまご自身の働きによります。言い換えれば、それは神の霊の力です。ローマの信徒への手紙8章16節は、「この霊こそは、わたしたちが神の子供であることを、わたしたちの霊と一緒になって証ししてくださいます」と述べています。主の祈りを祈る者は、すでに神の国の一員として神さまから招かれています。ですから、主の祈りを与えられていること自体が、限りない恵みなのです。

問57　主の祈りは何を第一に求めていますか。

答　「み名が聖とされますように」です。わたしたちの造り主であり、救い主である神さまだけを信じてほめたたえることです。

出エジプト3・14―15、歴代誌上16・7―13、ヨブ1・21、詩編30・2―6、詩編34・2―4、ルカ1・46―55、ローマ11・33―36

主の祈りが第一に祈り求めることは、「み名が聖とされますように」ということです。「み名」とは、神さまの名です。すでに、神さまの名は、父であり、天地の創造者であり、贖い主であり、救い主であることを学びました。日本の格言でも「名は体を表す」とありますが、聖書の世界の人々も、名は、その人の本質や姿を表すと考えられました。歴代誌上16章8節には、「主に感謝をささげて御名を呼べ」と書かれています。

神さまの御名を呼びほめたたえるとは、わたしたち人間のかけがえのない生命を創造し、また生涯を終わらせる方を信じ、賛美することです。ヨブ記１章21節には、「主は与え、主は奪う」という言葉があります。まさにわたしたちの生命を与え、奪う力と権威を持つ方、父なる神さまの名を賛美するのです。

父なる神さまへの賛美は、わたしたちがこの世界をしっかりと見れば見るほど、深まっていきます。わたしたちを取り巻く自然、数えきれない生き物たちの神秘、壮大な宇宙、精妙な人間の体のしくみ、わたしたちの誕生と死……。詩編の詩人は、「驚くべき御業の数々」を数え上げ、それらを喜び歌い、語り継ぎました（詩編145・5）。とりわけ、わたしたちに命が与えられ、病の際には癒しを与えてくださる神の名、すなわち「聖なる御名を唱え、感謝をささげよ」と詩編は歌います（詩編30・5）。

旧約聖書で神さまの名がはっきりと伝えられたのは、出エジプト記３章14節で、神ご自身がモーセに、「わたしはある。わたしはあるという者だ」という名を示された時でした。「わたしはあるという者」という神さまの名は、神さまが常にイスラエルの民と共にいてくださり、イスラエルの人々を苦難の中から導いてくださる方であることを示しています。モーセは、この神の名ゆえに、イスラエルの指導者として働きました。モーセが、イスラエルのエジプト脱出にあたって、指導者となりえたのは、この世界を支配するファラオの権力と支配を恐れずに、まことの神さまを畏れたからです。神さまを畏れる者は、この世の支配に屈伏することなく、ただ神さまのご支配にだけ服します。わたしたちが、この世の権力者ではなく、神さまの名があがめられるとき、神さまと並ぶことを求める、この世の支配者は退けられます。なぜなら、この世の支配者が作り出す闇に対して、神の名があがめられるところでは、まことの光が輝き出し、暗闇の本質のすべてがさらけ出されるからです。

さて、常に歴史と世界に働く神さまの名は、イザヤ書7章14節では、「インマヌエル（神は我らと共におられる）」と記されています。これは、主イエス・キリストの名となり、この名を持つ神の御子イエスを身ごもったマリアは、心から主なる神をあがめ、救い主である神を喜びたたえました。「その御名は尊く、その憐れみは代々に限りなく、主を畏れる者に及びます」（ルカ1・49―50）と彼女は歌いました。まことの光が世に来た出来事が、インマヌエルでありました。

インマヌエルというイエスさまの名は、それ自体で力を持ちます。主イエスの弟子のペトロとヨハネは、エルサレム神殿の境内で、生まれながら足の不自由な男を癒しました。神殿の境内の「美しの門」のそばで、物乞いをしていたその男が、二人をじっと見たとき、二人の弟子たちは言いました。「わたしには金や銀はないが、持っているものをあげよう。ナザレの人イエス・キリストの名によって立ち上がり、歩きなさい」（使徒言行録3・6）。この言葉によって、神殿の足の不自由な物乞いは、躍り上がって立ち、歩き出しました。主イエスの名が、それ自体大きな力を持つことを示す出来事です。

イエスさまが「神は我らと共におられる」という名に最もふさわしい方であることが明らかにされたのは、イエスさまが、ご自分を神と等しいものと固執しようとは思わず、人間の姿で現れ、へりくだって、十字架の死に至るまで、従順であられた出来事においてです。「このため、神はキリストを高く上げ、あらゆる名にまさる名をお与えになりました」（フィリピ２・９）。神さまの独り子イエスさまが、死に至るまでへりくだってくださったことによって、イエスさまは、その名のとおりの方であり、名と本質が完全に一致しておられる方だとわたしたちは知ることができます。だから、わたしたちは、イエスさまの御名にひざまずき、礼拝をささげ、「イエス・キリストは主である」と信仰を公に言い表します（フィリピ２・10―11）。

問58　主の祈りは何を第二に求めていますか。

答　「み国が来ますように」です。悪の力が完全に滅ぼされ、すべてが神さまのご支配のもとに置かれることを心から願い、待ち望みます。

マタイ６・33、ルカ17・20―21、ヨハネ18・36―37、使徒言行録１・６―11、ローマ16・20

「み国」とは、神さまがまことの王として支配される国のことです。聖書では、「神の国」とか「天国」と言われています。イエスさまの時代の大きな「国」は、ローマ帝国でした。そこでは、皇帝が人々を支配し、軍隊を使って他の国を征服して、捕虜となった人々を奴隷にしました。人間の国は、権力者が他者を支配します。民主主義であっても、民が権力をもって支配することに変わりはありません。

イエスさまは、「時は満ち、神の国は近づいた。悔い改めて福音を信じなさい」（マルコ1・15）と宣べ伝えられました。イエスさまが、宣べ伝えた神の国は、父なる神さまが支配される国のことです。父なる神さまは、「すべての民を公平に裁き、この地において諸国の民を導かれる」（詩編67・5）方です。詩編の詩人が感謝をささげているように、神さまは、愛と恵みによって、わたしたち人間を支配されます。神さまは、軍隊や人間の力によって、人々を抑圧し支配するのではありません。神さまの国は、神さまが愛によって支配します。愛の支配は、わたしたちを力づくで動かしたり、強制したりするのではなく、わたしたちを心から、また自発的に神さまのご計画や御心に従わせます。

神さまの国は、いつ来るかとか、どこにあるかと言えるものではありません。わたしたちの生きている世界の空間や場所、時間を超えて、わたしたち人間が生きている時の中に神さまご自身がもたらしてくださるものです。ヨハネによる福音書は、神の国は「この世には属していない」（ヨハネ18・36）と語っています。

ファリサイ派のユダヤ人たちが、神の国はいつ来るのかとイエスさまに尋ねたとき、イエスさまは答えて言われました。「神の国は、見える形では来ない。『ここにある』『あそこにある』と言えるものでもない。実に、神の国はあなたがたの間にあるのだ」（ルカ17・20—21）。神の国は、「わたしたちの間」つまり、主の救いを待ち望む人々の群れ、教会という共同体にまず訪れます。神の国は、主イエス・キリストの福音が宣べ伝えられるところでは、すでに始まっています。先に挙げたマルコによる福音書1章15節は、このことを証言するとともに、使徒言行録1章6節以下には、十字架にかかり復活された御子イエス・キリストが、天に昇られた「昇天」の出来事が書かれています。キリストの昇天は、主イエスのご生涯の付け足しではありません。昇天によって、キリストはわたしたちの視界からは消えましたが、そのことによって、かえって、わたしたちは、信仰の大切さと地上のイエスに目を向けることから天上の主イエスへ心を挙げることの大切さを学ぶのです。

今わたしたちは、歴史のイエスさまの時代とは、ずいぶん隔たった時代に生きています。しかし、クリスチャンは、遠い過去の人がイエスさまであるとは考えません。イエスさまは、挙げられた天から、わたしたちに聖霊を注ぎ、教会と世界に働きかけ、御国の到来を語り伝える使命をわたしたちにお委ねになりました。キリストの昇天によって、愛のご支配の責任が教会に委ねられ、教会が愛の実践をする時代が始まったのです。

神の国は、歴史の終末すなわち未だ見ていない将来に完成するものです。神の国は本当にすでに来ているのだろうかという疑問が起こるほど、災害が起こり、戦争が続き、争いが満ち、人々が互いに傷つけ合っている現実があります。パウロは、被造物は虚無に服しているとまで言いました（ローマ8・20）。しかし、そのような現状があっても、わたしたちは希望を失うことがありません。なぜなら、主イエス・キリストは、終わりの日に、再びこの世界に来てくださり、神のご支配を完全に打ち立ててくださるからです。だから、共にうめき、嘆くような現実があっても、わたしたちは希望を捨てません。終わりの日を、忍耐して待ち望むのです。終わりの日には、死者が復活させられます。主イエス・キリストが、罪を贖い、罪の結果である死に勝利して、復活してくださったがゆえに、わたしたちもまた、終末の日の死者の復活を確信しています。アダムによってすべての人が死ぬことになりましたが、キリストによってすべての人は生かされます。終わりの日には、「キリストはすべての支配、すべての権威や勢力を滅ぼし、父である神に国を引き渡されます」（Iコリント15・24）。さらにサタンをも打ち砕きます（ローマ16・20）。こうして、神の国は、将来において完成し、わたしたちもまた選ばれて、この御国の一員となります。主イエスは、「何よりもまず、神の国と神の義を求めなさい」（マタイ6・33）と語られました。

問59　主の祈りは何を第三に求めていますか。

答　「みこころが天に行われるとおり地にも行われますように」です。神さまの御心が天で行われているのと同じように地上にも完全に行われることを心から願い、待ち望むのです。

イザヤ55・8―13、詩編103・17―22、ルカ22・39―46、ローマ8・18―25、ローマ12・1―2

主の祈りにおいて、三番目に求めることは、「みこころが天に行われるとおり地にも行われますように」ということです。「天」とは、すでに説明したように、神さまがおられるところです。天では、神さまの右に、復活し天に挙げられた主イエスが座しておられます。そこでは、父なる神と御子イエス・キリストの親しい交わりがあります。その交わりは、愛に満ち、聖霊という絆で結ばれたうるわしいものです。

神さまの御心は、この父なる神と御子との交わりへと、わたしたち人間を導くところにあります。地上において、神の御子イエスさまは、父なる神さまとの関係が引き裂かれるような苦しみを経験しました。ゲツセマネの園でも、またゴルゴタの上でもそうでした。主イエスの苦難は、汗が血の滴るように地面に落ちるほど、激しく大きなものでした（ルカ22・44）。主イエスの苦難を深くしたのは、人間の無理解以外の何ものでもなかったのです。にもかかわらず、主イエスは、父なる神の御心を受け入れ、わたしたち人間を救うために、十字架の道を歩み、苦難に耐えてくださいました。

ですから、神の「みこころ」は、主イエス・キリストの苦難と死を通して、わたしたち人間を救うところにありました。主イエスは、やがてご自分がエルサレムに行って、長老、祭司長、律法学者たちから多くの苦しみを受けて殺され、三日目に復活すると予告し始めたとき、弟子のペトロは、イエスを脇へお連れして、いさめ始めました。「主よ、とんでもないことです。そんなことがあってはなりません」。このときイエスさまは振り向いてペトロに言われました。「サタン、引き下がれ。あなたはわたしの邪魔をする者。神のことを思わず、人間のことを思っている」（マタイ16・23）。ここに、主の祈りの第三番目の言葉の意味が示されています。「みこころ」とは、神ご自身のご計画です。わたしたち人間には、到底理解できないような、ご自分の独り子を犠牲にしてまで、人間を救おうとするご意志です。

神の救いのご意志がこの地上でもなるようにとの祈りは、わたしたち人間の努力を要請するものではありません。それは、すでに明らかにされた神さまの救いのご意志が地上でも実現し、救いを待ち望んでいる人々が福音を聴き、信仰をもつことを求めます。わたしたち人間にできる唯一の応答は、

「自分の体を神に喜ばれる聖なる生けるいけにえとして献げる」（ローマ12・1）ことです。言い換えれば、神の恵みに感謝して、日々礼拝をささげることです。礼拝をささげるとき、わたしたちは常に何が神の御心であるかをたずね求めます。わたしたちの願いが先にあるのではなく、神の御心をたずねて、それが地上でも実現されるように祈ること、ここに主の祈り全体に関わる祈りのあり方が示されています。

詩編103編19節は、「主は天に御座を固く据え、主権をもってすべてを統治される」と歌います。主なる神さまは、わたしたちの支配に全権も持つ統治者なのです。すべてのものは、この神さまに仕え、この神さまを賛美し礼拝します。

神にかたどって創造されたわたしたち人間は、この神を仰いで、地の果てまですべての人々に、この方以外には神はおられないこと、すべての恵みとみわざと力は主にあることを宣べ伝えます（イザヤ45・24）。わたしたちが神の恵みを宣べ伝えるのは、わたしたちが罪より贖われ、清められたからです。そこで、恵みにあずかる者は、不信心と現世的な欲望を捨てて、「この世で、思慮深く、正しく、信心深く生活するように教え、また、祝福に満ちた希望、すなわち偉大なる神であり、わたしたちの救い主であるイエス・キリストの栄光の現れを待ち望むように教え」（テトス2・12―13）られています。この宣教は、十分な権威をもって語られ、勧められるのです。

問60　主の祈りは何を第四に求めていますか。

答　「わたしたちの日ごとの糧を今日もお与えください」です。神さまは、わたしたちに

必要なものをすべてご存知であり、わたしたちを生かし、養ってくださるお方です。だから神さまにすべてを求め、委ねます。

出エジプト16・12―16、列王記上17・8―16、箴言30・8―9、列王記上17・2―7、マタイ6・25―34、マタイ14・13―21、フィリピ4・10―13、Ⅱコリント9・8―10

「わたしたちの日ごとの糧」とは、食べ物や衣服、住居だけでなく、家族や友人、学校や教育など、わたしたちが生きるために必要なすべてのものを含みます。主イエスが語られたように、わたしたちは「パンだけで生きる」ものではなく、「神の口から出る一つ一つの言葉で生きます」（マタイ4・4）。そこで、「日ごとの糧」とは、わたしたちが日々生きる上で必要不可欠な「神さまの言葉」を含めたすべてのものと言うことができます。

わたしたちは、食べ物に事欠くと、一時間たりとも我慢することができません。「お母さん。お腹空いたよ」と言って食物を求めるでしょう。

しかし、目に見える糧の欠乏には敏感なわたしたちも、目に見えない糧、神さまの言葉の欠乏には、まことに鈍感です。しばらく礼拝に行かず、御言葉を聴くことがなくても、わたしたちは平気で過ごします。慢性的な御言葉の欠乏によって、やがて、わたしたちは、わたしたちを生かし養ってくださる神さまを忘れます。あたかも自分の力で生きているかのような錯覚に陥ります。

主の祈りの第四の求めは、ただ日用の糧をくださいと求める祈りではなくて、わたしたちを生かし養ってくださる神を信じて、神さまにすべてを委ねる祈りと言ってもよいでしょう。

かつてイスラエルの民は、エジプトを脱出した後、荒れ野の旅を続けました。旅の途中で、イスラエルの人々は激しい飢え渇きを経験します（出エジプト16章）。人々は、民の指導者モーセに、不平不満を言います。奴隷であっても、エジプトにとどまっていれば、肉鍋を食べることだってできたのに、パンを腹いっぱい食べられたのに、という不平不満です。

このようなイスラエルの民の飢え渇きの不平を主なる神さまは聞いてくださいました。そして、荒れ野の旅の途上で、有り余るほどのうずらやマナを備えてくださいました。詩編145編15節は、神さまの恵みに対して次のように歌います。「あなたはときに応じて食べ物をくださいます」。

神さまの恵みと憐れみは、神さまの独り子イエスさまのご生涯でも明らかになります。ガリラヤで伝道するイエスさまの周りには、いつも大勢の群衆たちがいました。彼らは、イエスさまと行動を共にし、イエスさまの説教を聴きました。あるとき、五千人もの群衆が、夕暮れ時まで主イエスと共にいました。弟子たちは、主イエスに「ここは人里離れた所で、もう時間もたちました。群衆を解散させてください。そうすれば、自分で村へ食べ物を買いに行くでしょう」。このとき主イエスは、「行かせることはない。あなたがたが彼らに食べる物を与えなさい」と命じられました。弟子たちは、このときわずかにパン五つと魚二匹の持ち合わせしかありませんでした。主イエスは、弟子たちにわずかなパンと魚を持ってこさせ、それらを取って、天を仰いで賛美の祈りを唱え、パンを裂いて弟子たちにお渡しになりました。弟子たちが、群衆たちにその祝福されたパンと魚を与えると、「すべての人が食べて満腹したのです」（マタイ14・20）。

ここには、神の国の祝いがイエス・キリストを信じて従った人々の間で先取りされる出来事が書かれています。わずかなパンと魚が、主イエス・キリストの祝福によって、多くの人々を生かす霊的な食物となることが示されています。「わたしたちの日ごとの糧を今日もお与えください」と祈ることで、わたしたちは、日々の生活に必要なものを備えてくださる神に信頼するとともに、イエスさまを通して、天の宝、天の富である神の恵みと栄光でわたしたちを満たしてくださいと願うのです。このような願いを神さまは必ず聞いてくださいます（Ⅱコリント9・8）。「わたしの神は、御自分の栄光の富に応じて、キリスト・イエスによって、あなたがたに必要なものをすべて満たしてくださいます」（フィリピ4・19）。

問61　主の祈りは何を第五に求めていますか。

答　「わたしたちの罪をおゆるしください。わたしたちも人をゆるします」です。イエスさまの罪のゆるしの確かさに生き、わたしたちも人をゆるすように生きていくことです。

出エジプト32・30―32、詩編51・3―4、マタイ6・14―15、マタイ18・21―35、ルカ18・9―14、Ⅰヨハネ2・1―2、コロサイ3・13

「わたしたちの罪をおゆるしください。わたしたちも人をゆるします」という祈りによって、神さまを信じる者の生き方は、自分自身の罪が赦《ゆる》されていることの感謝と他者の罪の赦しを願い求める生活であることが示されます。

わたしたちは、例外なく神さまの前で罪を犯します。罪とは、人間の内面の醜さや汚れ、心の内にある欲望などにとどまらず、わたしたちの存在のあり方が歪んでしまっていることを意味します。

かつてイスラエルの民は、モーセに率いられてエジプトを脱出した後、シナイ山に到着します。このときモーセは、十戒をいただくためにシナイ山に登ったまま、なかなか下りてきませんでした。不安になったイスラエルの民は、身に付けていた金の耳輪をはずして、祭司アロンのところに持参します。アロンは、それを民から受け取ると、のみで型を作り、若い雄牛の鋳像を造って、祭壇に置き、皆で礼拝したのです。

モーセは、このようなイスラエルの行いに対して、「ああ、この民は大きな罪を犯し、金の神を造りました。今、もしもあなたが彼らの罪をお赦しくださるのであれば……」（出エジプト32・31―32）と民の罪を指摘するとともに、民のために執り成しの祈りをささげました。

イスラエルの偶像崇拝の罪は、神に選ばれ、エジプト脱出という救いの出来事が示されたにもかかわらず、不安や不信にとらわれて、まことの神ではない人間の造ったものを、一時的な気休めのための神々とするような人間のあり方に現れます。

わたしたち日本人は、罪の文化に生きていないから、罪ということはよく分からないという感想を聞くことがあります。恥なら分かるけれど、罪は分からないというのです。しかし、はたしてそうでしょうか。わたしたちがまことの神さまの前に立つとき、不安や焦りによって神ならぬものを神としている自分に気づきます。そのとき、わたしたちは、自分の心の中を覗いてみると、そうせざるをえなかった必然とともに、そうしたいからしてしまった、どうすることもできない自分自身と直面します。神さまの前でわたしたちは、自分の罪の赦しをいただかなければ生きていくことができない者であるとおぼろげながら分かってくると思います。

三浦綾子さんの小説『氷点』は、人間の罪の問題を扱っています。「氷点」という言葉自体が、人間存在あるいは人間の集団の中にある、冷たく暗い罪の闇を指しています。自分の娘を殺した男の娘を幼女として育てていくうちに、「善意」の背後にある人間の復讐心や殺意に家族がとらわれていく物語です。

わたしたち人間が異質なものを受け入れ、自分を見つめざるをえない状況の中では、モーセの時代のイスラエルの民のように、わたしたち日本人もまた罪の問題に直面し、それを強く意識させられます。日本人は、恥は分かっても、罪は分からないと考えられてきましたが、決してそうではなく、現代にあっては、むしろ罪の問題こそ、まことに切実で緊急な課題であることに多くの人々が気づき始めています。

二十一世紀に生きるわたしたちもまた、「神よ、わたしを憐れんでください。御慈しみをもって。深い御憐れみをもって、背きの罪をぬぐってください」（詩編51・3）と祈らざるをえないのです。

詩編の詩人が歌った罪の赦しと罪の清めに対する切実な願いは、イエスさまの時代には、律法の知識を十分もっていた宗教家であるファリサイ派のユダヤ人によってではなく、人々から忌み嫌われた徴税人の祈りの姿に現れています。徴税人は、胸を打ちながら言いました。「神様、罪人のわたしを憐れんでください」（ルカ18・13）。この一言によって、同胞のユダヤ人から税金を徴収し、しかも特権を利用して、一種のピンハネを繰り返していた徴税人の罪は赦されて義とされました。

「わたしたちの罪をおゆるしください。わたしたちも人をゆるします」という主の祈りの一節は、前節が後節の何か条件のように理解されるべきではありません。むしろ、わたしたちに罪を犯す者をわたしたちが赦すことができるのは、神の御子イエス・キリストの十字架によるのですから、引き続き罪を犯し続けてしまう愚かで弱いわたしたちの罪をさらに赦してください、と執り成しを願う言葉と理解されるべきです。神さまから罪赦されたわたしたちが、隣人の罪を赦さないなら、それは、マタイによる福音書18章21節に出てくる「仲間を赦さない家来」のようなものです。主君から多くの借金を帳消しにしてもらったにもかかわらず、わずかな借金を返済しない仲間を赦さない家来は、牢に投げ込まれる、すなわち神さまのさばきを受けることになるでしょう。そこで、わたしたちは、「主があなたがたを赦してくださったように、あなたがたも同じようにしなさい」（コロサイ3・13）と勧められています。

キリストが死なれたのは、ただ一度罪に対して死なれたのです。わたしの罪のために、またわたしたちの罪のために、キリストは死なれましたが、神によって死より甦らされ、今神に対して生きておられます（ローマ6・10）。十字架でわたしたちの罪の赦しのために死なれたイエスさまが、今生きておられるゆえに、わたしたちは主の祈りにおいて、「わたしたちの罪をおゆるしください。わたしたちも人をゆるします」と世の終わりまで祈り続けます。

主の祈りを繰り返し祈ることで、わたしたちは罪を赦されて神さまの前に立つ幸いの中に生きているのだと確信できるようになります。あるいは「たとえ罪を犯しても、御父のもとに弁護者、正しい方、イエス・キリストがおられます」（Ⅰヨハネ2・1）と自ら依って立つべき信仰を常に確認することができます。この方が、常に全世界の罪を償ういけにえとなってくださったことがどれほど大きな恵みであるかが、いつも自覚されます。

問62　主の祈りは何を第六に求めていますか。

答　「わたしたちを誘惑におちいらせず、悪からお救いください」です。わたしたちを神さまから引き離そうとするあらゆる力から守ってくださるようにと、心から願うのです。

詩編91編、詩編124編、ルカ4・1―12、Ⅰコリント10・12―13、Ⅰペトロ5・8―11、ヘブライ2・17―18

「誘惑」とは、わたしたち人間を罪へと誘い出す試みや試練のことです。「わたしたちを誘惑におちいらせず、悪からお救いください」は、わたしたちを神さまから背かせ、神さまから引き離そうとするあらゆる力から守ってくださいと願う祈りです。

現代のわたしたちの周りにも、またわたしたちの中にもさまざまな誘惑が満ちています。皆から認められて偉くなりたい、尊敬されたい、金持ちになりたい、自分の欲望を満たしたい、この人を自分のものにしたい、あの人を支配したい……。際限のない欲求がわたしたちの心の中に存在します。

もちろん、何かを達成したいとか目標を成し遂げたいというような人間の動機や行為それ自体が悪いわけではありません。目標に向かって努力することは、自己の向上心の涵養のために不可欠のことです。しかし、それらの目標や目的が、ただ自分のために、自分の欲求の充足のためにのみ目指されると、他者を顧みることのない、あくなき自己追求へと陥ってしまいます。極端な自己追求は、神のために生きる神中心の生き方とは、正反対のものとなります。

わたしたちが自分本位に生きているとき、野の花や空の鳥が、どのように生きているかを考える余裕を失っていきます。あたかも自分だけの力で生きているかのように、わたしたちはいとも簡単に錯覚してしまいます。自分本位の人生は、殺伐とした荒れ野の人生となります。しかし、そのような荒れ野を歩む人間に、主なる神はなお目を留め、見出し、「御自分のひとみのように守られた」（申命記32・10）のです。荒れ野のただ中で、神は幕屋となり翼となって、わたしたちの避けどころとなってくださいます（詩編61・5、91・2）。

神の御子イエス・キリストは、ご自身で荒れ野に向かい、四十日間、悪魔の誘惑を受けてくださいました（ルカ4・1—13）。イエスさまが、四十日間何も食べず、空腹を覚えられたとき、悪魔がやって来て、イエスさまに言いました。「神の子なら、この石にパンになるように命じたらどうか」。このときイエスさまは、答えました。「『人はパンだけで生きるものではない』と書いてある」（ルカ4・4）。

主イエスご自身が試みに遭い、その試みを退けてくださったゆえに、わたしたちは信頼して、「わたしたちを誘惑におちいらせず、悪からお救いください」と祈ることができます。神は、真実な方です。わたしたちに対して、「人間として耐えられないような試練」（Ⅰコリント10・13）にさらし続けることはありません。神さまは、試練と共に、逃れる道を備えていてくださいますから、誘惑にさらされたとき、わたしたちは悪魔を退けるために、主の祈りを祈ることが大切です。

わたしたちを誘惑する力は、時には「ほえたける獅子のように」（Ⅰペトロ5・8）わたしたちを食い尽くそうと探し回ります。そのときにこそ、信仰にしっかりと踏みとどまって、悪魔に抵抗することが大切です。悪魔に対する戦いは、わたしたち一人で行うのではありません。信仰の仲間たちがいます。信仰者の中心には、荒れ野での試練を耐えてくださり、救いの道を開いてくださったイエスさまがおられます。イエスさまは十字架上での苦難という試練を受けてくださいました。だからこそ、「試練を受けている人たちを助けることがおできになるのです」（ヘブライ2・18）。イエス・キリストを通して、神ご自身がわたしたちを救いへと招き、苦しんだわたしたちを、「完全な者とし、強め、力づけ、揺らぐことがないようにしてくださいます」（Ⅰペトロ5・10）。

問63　主の祈りは、どのような言葉で終わっていますか。

答　「国と力と栄光は、永遠にあなたのものです」です。この世の権力も支配も栄光もすべて神さまのものであることを信じて、心から神さまをほめたたえて終わるのです。

出エジプト15・1―18、歴代誌上29・11―13、詩編115・1、ヨハネ3・29―30、ロー

マ11・33―36、Ⅰコリント3・23

主の祈りの最後は、「国と力と栄光は、永遠にあなたのものです」となっています。「国と力」とは、世界の中に存在する国家や権力などを指します。現代では、日本や韓国、中国、アメリカ、イギリス、ロシアなど、さまざまな国が建てられ、それぞれが特定の権力によって、支配と統治を行っています。このような目に見える国とそれに伴う権力や栄光のすべてが、神さまのものであることを信じて、主の祈りは神さまをほめたたえています。国家もまた、「神から出て、神によって保たれ、神に向かっている」（ローマ11・36）ものです。

「国と力と栄光」が永遠に神さまのものであると信じるのは、これらの国と力がすべて神のご計画によって建てられ、また滅ぼされるからです。紀元前十世紀の古代イスラエルでは、ダビデの時代に、統一王国が形成されます。ダビデは、世々の王と同じように、軍隊を組織し、都を造り、神殿の建立を目指しました。まさに飛ぶ鳥も落とすような勢いで、ダビデの力は台頭していきます。

しかし、ダビデは、自分を選び、王としてくださったのは、神であることをよく知っていました。ですから、歴代誌上28章4節以下で次のように述べています。「イスラエルの神、主はわたしの父の全家からこのわたしを選び、とこしえにイスラエルの王となるようにされた」。

ダビデは、全会衆の前で主をたたえて次のように言いました。「わたしたちの父祖イスラエルの神、主よ、あなたは世々とこしえにほめたたえられますように。偉大さ、力、光輝、威光、栄光は、主よ、あなたのもの」（歴代誌上29・10―11）。

　主の祈りを唱えるとき、わたしたちは、このようなダビデの姿勢を受け継ぎます。つまり、この世の王や国がどれほど強く、栄光に満ちていようとも、主イエス・キリストの父なる神を信じ告白する者は、神の御名をこそ、賛美し、口にするのです。国家の秩序や力は、どれほど地上で必要であり、待望されたとしても、それらが神と等しい栄光を持ち、賛美の対象となることはありません。そのために、国家の権力を、神と等しいものと位置付けるのではなくて、わたしたちに与えられた秩序として、神の御旨にふさわしく形成する責任がわたしたちには与えられていることも忘れてはなりません。

　もし、悪い国家権力と権力者が、自己を神のように拝ませることがあったなら、それをすぐに見抜くことがクリスチャンの信仰的な課題となるでしょう。詩編の詩人は、言いました。「わたしたちにではなく、主よ、わたしたちではなく、あなたの御名こそ、栄え輝きますように、あなたの慈しみとまことによって」（詩編115・1）。

　わたしたちの救い主イエス・キリストは、天の父なる神から、天と地を統べ治める一切の権能を授かりました（マタイ28・18）。それは、主イエス・キリストが、復活によって、死に勝利し、いかなる地上の権力もなしえなかった神のご支配を実現してくださったからです。主イエスは、天の父なる神へと至る道を開いてくださいました。わたしたち人間は、地上におり、神さまは天におられます。天と地をつなぐものを、わたしたちの側から造ることは不可能です。しかし、神さまは、愛する御子イエスさまを遣わしてくださって、地上から神さまのおられる天に至る道を造ってくださったのです。したがって、わたしたちは、イエスさまの御名によって何かを願うなら、必ずや天の父なる神さまもそれを聞いてくださり、わたしたちの願いをかなえてくださるのです（ヨハネ14・14）。

問64 祈りの最後の「アーメン」とはどういうことですか。

答 「そのとおり」という意味です。神さまは真実なお方なので、祈りは必ず聞かれるという完全な信頼と喜びをもって、「アーメン」と言うのです。

ネヘミヤ8・6、歴代誌上16・28―36、Ⅱコリント1・18―20、Ⅱテモテ2・8―13、黙示録22・20―21

「アーメン」という言葉は、主なる神さまが、そのとおりにしてくださいますという信頼を表す言葉です。預言者エレミヤは、預言者ハナンヤがイスラエルをバビロンの軛《くびき》から解放すると預言したとき、「アーメン、どうか主がそのとおりにしてくださるように」と祈りました（エレミヤ28・6―9）。またエズラが、捕囚から帰還したイスラエルの民の前で、モーセの律法を朗読したとき、民は主をたたえるとともに、両手を挙げて、「アーメン。アーメン」と唱和し、主なる神を礼拝しました（ネヘミヤ8・6）。

主なる神さまへの信頼の言葉で、主の祈りが閉じられていることはとても重要です。なぜなら、主の祈りは、初めから終わりまで、神を信じ、神の働きとわざに信頼する者がささげる共通の祈りの言葉だからです。

しかも、この祈りは、主イエス・キリストご自身が、わたしたちに祈るように教えてくださったたものです。ですから、「イエスさまの御名によって」祈る必要はありません。主イエスが教えてくださったとおりに、最後に「アーメン」と付け加えて祈ります。祈りの言葉によって、すべての栄光は、イエスさまを通して父なる神さまに帰せられます。旧約聖書の民が、神の御名の栄光をすべて父なる神に帰したように（歴代誌上16・29）、わたしたちもまた、イエスさまを通して、すべての栄光を主なる神に帰するのです。

アーメンという言葉は、主の祈りの最後の言葉であるとともに、地上を生きるわたしたちの人生の中でいつも鳴り響く言葉です。「主なる神さま、どうかあなたのご計画のとおりにしてください。あなたは、そのとおり行われる方であることをよく知っています」。こうして、「アーメン」という言葉は、全地に響き渡ります。

ヘンデルのメサイアが、「アーメン」を何度も唱和する合唱で、神さまを賛美して終わるように、わたしたちもまた、生涯にわたって賛美を続けます。神さまが与えてくださる命、生涯、家族、試練、日用の糧、それは日常生活を送る地上のわたしたちにとってなくてはならないものです。わたしたちの地上の生涯の最後は、罪の結果である死によって中断しますが、信仰を持つ者にとっては、死は決して最後ではありません。神の御子イエスさまが、死に勝利して復活してくださったゆえに、わたしたちも歴史の終末に神の国の到来を待ち望みます。

つまり、わたしたちは、過去、現在、将来にわたって、「アーメン」と唱和し続けます。「アーメン、そのとおりです」と祈りをささげる御方、神である主は、「今おられ、かつておられ、やがて来られる方、全能者」（黙示録１・８）です。この方が、今わたしたちに語りかけます。「然り、わたしはすぐに来る」。この主なる神の約束の言葉に対して、わたしたちは「アーメン、主イエスよ、来てください」（黙示録22・20）と応答します。

神さまは、愛する御子イエスさまをわたしたちの世界に遣わしてくださって、救いの約束が確かなものであることを示してくださいました。御子イエスさまによって、わたしたちの救いは、「そのとおりに」実現するものとなりました。神さまの約束は、イエスさまにおいて、「然り」となりました（Ⅱコリント1・20）。「それで、わたしたちは神をたたえるため、この方を通して『アーメン』と唱えます」（Ⅱコリント1・20）。

かくして、アーメンと唱えることによって、わたしたちは、神さまの恵みと愛を受けて、キリストと固く結びつけられ、心に聖霊が注がれて、約束の証印が押されていると確信できます。

第７章　教会

第１節　礼拝

問65　神さまを信頼するのは、心の中だけでよいのでしょうか。

答　いいえ、違います。心の中だけではなくて、口に出して、信仰を言い表すことです。

申命記26・1―11、詩編42・5―7a、詩編89・2―6、マタイ16・13―20、マルコ15・33―41、ローマ10・9―13

わたしたちが神さまを信頼するとき、それは心の中だけのことではありません。神さまへの信頼は、わたしたちの決意や行動となって必ず現れます。教会の礼拝に出かけるのも、自分自身の大切な時間を神さまにささげる志がわたしたちの中にあるからです。神さまを信頼するとは、わたしたちの体全体、存在全体と関わります。

わたしたちが神さまを信頼するとき、口に出して、「神さま、わたしはあなたを信じます」ということが大切です（詩編42・6）。使徒ペトロは、「あなたはメシア、生ける神の子です」と信仰を告白しました（マタイ16・16）。イスラエルの民は、自分たちの先祖が滅びゆく一アラム人であったにもかかわらず、エジプトから救い出された出来事から、主なる神への信仰を告白しました（申命記26・5以下）。使徒パウロは、「口でイエスは主であると公に言い表し、心で神がイエスを死者の中から復活させられたと信じるなら、あなたは救われるからです」（ローマ10・9）と述べています。

神さまを信じていることを言い表す言葉は、わたしたちが見つけ出すのではなくて、聖書と教会がわたしたちに伝えてくれるものです（詩編89・2）。初代の教会は、イエスさまのご生涯とそこで語られた教え、そしてイエスさまの死と復活を伝承で口から口へと伝えました。使徒言行録15章7節によれば、「口からの福音の言葉」によったのです。

このような伝承は、神さまがわたしたちの世界と歴史の中で、いかに大きな救いの恵みと幸いを成し遂げてくださったかを伝えています。救いと幸いは、神さまのもとから来ることを知らされたとき、わたしたちは神さまの御前に進み出て、賛美と感謝をささげないではいられないはずです。ですから、神さまを信じる言葉は、聖書と教会から与えられますが、決して何か押しつけられたのではなく、わたしたちが心から、自発的に「神さま、ありがとうございます。そのとおりです、アーメン」と皆で声を合わせることができる言葉です。神さまを信頼していると公に言い表す言葉は、ただ口先でそのように言う言葉ではなくて、心の底から、本当に信じていることを告白する言葉なのです。

十字架におかかりになったイエスさまが、わたしたちのために苦しみを最後まで負ってくださった姿を見て、ローマの兵士の隊長は、「本当に、この人は神の子だった」（マルコ15・39）と告白しています。「本当に」、つまり心の底から真実に、イエスさまを救い主と信じる信仰は、イエスさまと出会い、イエスさまがどのような方であるかを知ったとき、わたしたちの口から外に向かって、はっきりと告白される言葉となるのです。

問66　信仰を口で言い表すとき、最も大切なことは、何ですか。

答　わたしたちが、ただお一人の神さまに心から信頼することです。その信頼は、神さまが与えてくださいます。

創世記15・1―6、マタイ6・25―34、マルコ9・14―29、ルカ7・1―10、Ⅱテモテ1・9―14、ヘブライ11・8―12、Ⅰヨハネ5・14―15

信仰を口で言い表すとき最も大切なことは、わたしたちが、ただお一人の神さまに心から信頼することです（マルコ9・24）。ただ一人の神さまは、イエス・キリストの父なる神さまです。また聖霊を注いで、わたしたちの教会を建ててくださった神さまです。お一人の神さまに信頼しますと告白するとき、わたしたちはこの神さま以外のものを神さまとしないことを言い表しています。

どんなに美しい自然も、日本の伝統的な神さまや仏さまも、立派で偉大な人間も、わたしたちは本当の神さまとして信頼することはありません。わたしたちの信じる神さまは、野の花や空の鳥を養い、育て、生かしてくださるのと同じように、いやそれ以上にわたしたち人間を愛し、育て、生かしてくださる方です。明日の食べ物や着る物のことを思い悩まなくても、それらを備え、わたしたちにくださる神さまです（マタイ6・25―34）。そして、わたしたちの世界を支配して、神さまの国を来たらせる約束を必ず実現してくださる方です。

すでに神さまは、この約束を旧約聖書のアブラハムの時代から、わたしたち人間にくださいました。主なる神さまは、わたしたちの助けであり盾となってくださいます。わたしたちが本当に困ったとき、悩んだとき、わたしたちを助けてくださる方です。神さまは、わたしたちの願いを本当の意味で、聞き入れてくださいます（Ⅰヨハネ5・14）。

この神さまの助けは、わたしたちが罪を犯して神さまのもとから離れ、悪を繰り返し行うときにも与えられました。わたしたちが神さまを憎み、神さまを裏切ったときにも、神さまは諦めることなく、わたしたちを救い出す約束を実現してくださいました。神さまの独り子イエスさまの到来は、神さまの約束の実現です。

神さまはアブラハムの時代からの約束、いやそれ以前に世界を創造されたときからお考えになっていた約束を決して忘れることなく、ご自身の計画と恵みによって、わたしたちを救いの道へ導いてくださいました。「神がわたしたちを救い、聖なる招きによって呼び出してくださったのは、わたしたちの行いによるのではなく、御自身の計画と恵みによるのです。この恵みは、永遠の昔にキリスト・イエスにおいてわたしたちのために与えられ、今や、わたしたちの救い主キリスト・イエスの出現によって明らかにされたものです」（Ⅱテモテ1・9―10）と書かれているとおりです。一人の神さまに信頼するとは、約束を実現させてくださる神さまを信頼することです（ヘブライ11・11）。

神さまを信頼するとは、わたしたちの親や友達を信頼することと違う点があります。わたしたちの信頼によって、親や友達は大きな益を得られるのに、神さまはわたしたちの信頼によって、何かを得るわけではありません。つまり、神さまは、一方的にわたしたちの約束を実現させ、恵みを与え続けてくださいます。神さまは、わたしたちがどれだけ神さまのご好意に報いることができるかはまったく関係なく、わたしたちを愛し、恵みを与え続けてくださるのです。
言い換えれば、神さまは、わたしたちが愛されるにどれほどふさわしいかとは無関係に、徹底してわたしたちを愛してくださるのです。

問67　どこで神さまを正しく知ることができますか。
答　教会の礼拝においてです。

マタイ18・18―20、ヨハネ4・19―26、Ⅰコリント14・23―25、エフェソ1・17―23、Ⅰペトロ2・1―5

神さまを正しく礼拝し、あがめるためには、教会の礼拝や日曜学校（教会学校）の礼拝に出席することが大切です。礼拝では、賛美歌を歌い、祈りを合わせ、神さまのお言葉を聴き、信仰を告白します。また、わたしたちが、神さまの恵みに応えて、すべてをささげるしるしとして献金をします。礼拝の群れはどれほど小さくても、そこにイエスさまご自身がいてくださいます（マタイ18・20）。イエスさまが共にいてくださることを信じ、感じたとき、わたしたちは孤独ではありません。礼拝では、赤ん坊がお母さんの乳をいただくように、イエスさまを通して、霊の乳をいただきます。わたしたちは、霊の乳（福音）を飲んで成長し、救われるようになります（Ⅰペトロ２・２）。

礼拝のすべてが、神を正しく礼拝し、あがめるための行為です。わたしたちの一週間の生活は、すべてこの礼拝から始まります。祈りは、礼拝の中でもなされますが、家庭や学校で、食前や寝る前にもささげられます。その意味で、祈りと礼拝は、まったく同じではありません。祈りは、個人で隠れたところで日々行うことができます。礼拝は、教会という信仰の共同体がささげる公的な事柄です。

神さまを信頼するとは、わたしたちが、造り主であり救い主である神さまを心から愛することです。さらに神さまを愛するゆえに、わたしたちは神さまの言葉を心に留め、親しい人々にもそれを伝えることを怠りません。

初代の教会の人々は、毎日ひたすら心を一つにして礼拝を守りました。同時に、喜びと賛美をもって、共に集い、多くの人々が救いへと招かれました。神さまを信頼する生活とは、神さまを信頼する多くの人々と共に、教会における礼拝の生活を続けることです。人々と共に祈り、神さまは必ずこの祈りを聞いて実現させてくださると信じるところに、神さまは必ず臨んでくださいます。

わたしたちは、雨や風の日には、教会へ行きたくないと思うかもしれません。しかし、礼拝は、わたしたちが神さまに奉仕するというより、神さまがわたしたちに奉仕をしてくださった出来事、すなわち主イエスの受肉と謙遜と十字架の死の出来事にわたしたちがお応えするときです。したがって、わたしたちは、聖霊に導かれて、どのような時にも、霊と真理をもって礼拝します（ヨハネ４・24）。

イエスさまの御苦しみを覚えるなら、わたしたちはどんなにつらくても教会へと押し出されて教会の礼拝に出ようと考えるはずです。

問68　神さまを正しく礼拝する仕方を教えてください。

答　神さまを心から信頼してほめたたえることです。神さまは、わたしたちが御言葉を聴き、賛美し、感謝し、祈ることを喜ばれます。

申命記6・4―15、詩編34・1―11、詩編84・2―13、詩編146・1―10、ローマ12・1―2、コロサイ3・16―17

神さまを正しく礼拝するためには、まず神さまの言葉を聴くことです。申命記6章4節は、「聞け、イスラエルよ」という言葉で始まります。イスラエルの民は、申命記6章4―9節に基づいて、神の言葉である聖書を聴き、暗唱し続けました。旧約聖書の伝統は、わたしたちにもあてはまります。まず礼拝で、御言葉を聴きましょう。御言葉を通して、神さまはわたしたちに何を望んでおられるのか、神さまがわたしたちに行ってくださった恵みはどこにあるかを知りましょう。

神さまの御言葉と御旨を知った者は、神さまを心からほめたたえるようになります。詩編34編は、神さまの恵みに応答する言葉です。「どのようなときも、わたしは主をたたえ、わたしの口は絶えることなく賛美を歌う」（詩編34・2）。つまり、耳で聴いて、口で賛美するというのが、神さまを正しく礼拝する仕方です。

神さまの言葉を耳で聴いて、口で賛美することは、わたしたちを祈りへと導きます。祈りもまた聴くことと賛美することからなります。同時に、わたしたちの祈りを、神さまもまた聴き、神さまもまたわたしたちに語りかけてくださいます。詩編84編9節は、敵に囲まれた窮地にあって、「万軍の神、主よ、わたしの祈りを聞いてください」と呼びかけています。

正しい礼拝とは、わたしたちが、神さまの言葉の前に立ち、願い求め、賛美する中から、神の恵みの大きさと礼拝することの幸いに気づかされ、自分自身を神さまに聖なるいけにえとしてささげる行為へと至ります（ローマ12・1）。

そこで神さまを正しく礼拝するためには、礼拝の中心に父なる神と主イエス・キリストがおられ、聖霊の働きによって、礼拝に秩序が保たれていることが大切です。自由な神賛美もまた「主イエスの名によって行」われることが求められます（コロサイ3・17）。

第2節　説教

問69　わたしたちが生きていくために、なくてはならないことは何ですか。

答　神さまに体も魂も養われることです。

出エジプト16・4―5、申命記8・3、イザヤ55・1―3、マタイ14・13―21、ヨハ

ネ６・26―27

わたしたちが生きるためになくてはならないものの一つは、体を養う食物であることは言うまでもありません。人間の生活の営みの基本は、いつの時代にも食物を規則的に摂取することにあります。食物をしっかりいただくことは、わたしたちが体を維持し、健康を保つためにきわめて大切です。かつてイスラエルの民がエジプトを脱出し、荒れ野をさまよったとき、食物がなくなり、飢えに苦しみました。そのとき、主なる神さまは、指導者モーセに次のように約束されました。「見よ、わたしはあなたたちのために、天からパンを降らせる。民は出て行って、毎日必要な分だけ集める」（出エジプト16・４）。こうして神さまは、日々生きるに必要な「天からのパン」すなわちマナを降らせて、イスラエルの民を養ってくださったのです。

イエスさまも、ガリラヤでの伝道活動の間、多くの群衆たちを深く憐れみ、五つのパンと二匹の魚を祝福して与えると、五千人の群衆たちが満腹するという奇跡を起こされました（マタイ14・13―21）。イエスさまも、体を養う食物の大切さを十分知っておられました。

体を養う食べ物とともに、わたしたちの魂を養う食べ物、すなわち神さまの言葉が、わたしたちが生きるためには不可欠です。荒れ野で悪魔の誘惑に遭われたとき、イエスさまは申命記８章３節の言葉を引用して、「人はパンだけで生きるものではない。神の口から出る一つ一つの言葉で生きる」と言われました（マタイ４・４）。

しかし、わたしたち人間は、体が健康で滞りなく機能していれば、それだけで「生きている」ということにはなりません。神さまの言葉を聴くことが必要です。体が健康そうに見えても、神の言葉によって生きることがなければ、魂は混沌と無秩序の状態で生きている場合もあります。自分ではまったく気づかないまま、そのようになってしまうと、自分の幸い、自分の名誉、自分の財産……という具合に、心が内側にだけますます集中し、ひん曲がってしまい、心を神さまに向けることがなくなります

わたしたちはひとたび病気になれば、体の健康を与えられていることがどれほど大きな恵みであるかを知らされます。わたしたちが生きるためには、病が癒され、健康になることが必要であることは言うまでもないことです。イエスさまもまた、病気の人々を深く憐れみ、癒しの奇跡を行ってくださいました。エリコの町はずれでは、目の不自由なバルティマイを癒しました（マルコ10・46―52）。また、ベトサイダの池では、三八年間病気で苦しんでいた人を癒されました（ヨハネ5・1―9）。

しかし、イエスさまは、体の維持と健康の大切さだけではなく、神の言葉を聴くこと、すなわち「永遠の命に至る食べ物」（ヨハネ6・27）によって、魂が整えられ、秩序づけられることがどれほど大切かを教えてくださいました。この食物は、荒れ野でイスラエルにマナが与えられたように、イエスさまによってわたしたちに与えられる霊的な食物です。生まれたばかりの乳飲み子が、お母さんのお乳を飲んで成長するように、信仰者は、魂を養う霊的な食べ物をいただいて、霊的に成長していきます。神の言葉を聴いて生きること、そして霊的に成長していくことが、体を含む魂全体が生きるということなのです。

しかし、わたしたち人間の最大の問題は、目に見える糧のためには大金を使い、一日たりとも飢え

渇きに耐えることができないのに、霊的な飢え渇きにはきわめて鈍感だということです。霊的な飢饉は、人間を滅ぼすにもかかわらず、わたしたちは魂を養う食物を得ようとはしません。預言者イザヤの「渇きを覚えている者は皆、水のところに来るがよい」（イザヤ55・1）という呼びかけを耳にしながら、わたしたちは怠惰なままです。ここに、わたしたち人間の最大のまた深い問題、救いに関わるような大問題が横たわっています。

問70　神さまに養われるのは何によってですか。

答　神さまから与えられる御言葉によってです。

詩編119・25―32、アモス８・11―12、エゼキエル３・１―３、詩編56・６―12、エレミヤ15・16、マタイ４・１―４、ヨハネ６・30―35

「魂を養う食べ物」とは、霊的な食物、すなわち神さまから与えられる御言葉です。神さまは、肉の食物は懸命になって求めるのに、霊の食物を自分から欲しないわたしたちに、ご自身の言葉をお与えくださいます。

特に、飢え渇き、くずおれた魂が、涸れた谷に鹿が水を求めるように（詩編42・２）神を求めるとき、神ご自身がその求めに応えて、神の言葉をくださるのです。

わたしたちは、霊的食物を求めるべきです。それが主なる神さまの御心に適うことでもあります。

詩編の詩人は、「御言葉によって、命を得させてください」「御言葉のとおり、わたしを立ち直らせてください」（詩編119・25、28）と願い求めました。

この願いに対して、わたしたちの父なる神さまは、かつてイスラエルの民にマナを与えてくださったように、今わたしたちに天から命のパンすなわち神さまの言葉を与えてくださいます。この「神のパンは、天から降って来て、世に命を与えるもの」（ヨハネ6・33）です。

このような神さまの恵みは、何と大きなものでしょうか。地上の食物では肉体を養うことしかできないのに、霊的な食物はわたしたちのすべてを生かし、わたしたちに神さまの命を与えてくださいます。神さまの命は、死に打ち勝つ力です。たとえどのような試練や艱難がわたしたちを襲って来ようとも、この命の光を消すことはできません。

わたしたちの魂とは、肉体や身体とは別の心や精神を意味するのではありません。神さまに向かい合う、わたしたち人間の存在そのもの、人間のすべてのことです。この魂を、神さまは霊的な食物によって養ってくださるのです。

わたしたちの生きている世界は、主の言葉を聴くことのできない飢えと渇きが満ちています。現代社会もまた、そのような時代でありましょう。預言者アモスは、紀元前八世紀にそのような試練と艱難の時代の到来を預言しました（アモス8・11）。その日には、人々に、御言葉の飢饉が起こります。人々は海から海へと巡り、主の言葉を探し求めますが、結局自分の力でそれを見出すことはできません。

神の言葉は、神ご自身から与えられるのです。預言者エゼキエルは、神の言葉である聖書について、次のような神のご命令を聞きました。「人の子よ、目の前にあるものを食べなさい。この巻物を食べ、行ってイスラエルの家に語りなさい」（エゼキエル3・1）。エゼキエルは、主なる神のご命令どおりに、神の言葉が記された聖書の巻物を食べます。すると、「それは蜜のように口に甘かった」（エゼキエル3・3）と書かれています。さらにエレミヤは、「あなたの御言葉は、わたしのものとなり、わたしの心は喜び踊りました」（エレミヤ15・16）と語っています。

蜜のように甘い御言葉と、心が喜び踊るような言葉とは、それによってわたしたちの魂が養われ、楽しみ、力を回復し、魂を救う御言葉（ヤコブ1・21）のことです。

問71　それは、何によって与えられるのですか。

答　見えない神さまの言葉である説教と、見える神さまの言葉である聖餐によって与えられます。

ヨハネ6・52―59、使徒言行録2・42―47、ローマ10・17、Iコリント1・18―21、Iペトロ1・23―25、Iヨハネ1・1―4

わたしたちの魂を救う御言葉は、見えない神さまの言葉である説教と見える神さまの言葉である聖餐によって与えられます。確かに心を豊かにする言葉は、神さまの言葉以外にもたくさんあるように思われます。文学作品を通して、また音楽の歌詞によって、さらに諸学問の言葉は、わたしたちの存在と世界の本質を明らかにし、わたしたちを励まし勇気づけてくれることは確かです。それだけでなく、わたしたちが家族や友人と交わす何気ない日常の言葉もまた、わたしたちの心を豊かにしてくれます。

しかし、心を豊かにする文学や音楽、学問の言葉は、魂を救う御言葉とは決定的に違います。魂を救う言葉は、わたしたちの罪を赦し、わたしたちを罪の悔い改めへと導きます。心を豊かにする言葉が、わたしたちをあるがままに肯定して、必ずしもわたしたちの存在の根本的変化や回心を迫るものではないのに対して、魂を救う言葉は、自分自身のあり方の否定から肯定へとわたしたちを向かわせて、わたしたちに人生の転換をもたらします。魂を救う言葉が語られると、光が射し出で、「無知な者にも理解を与え」（詩編119・130）ますが、同時に御言葉どおりに生きることができない自分自身の姿を知ることにもなります。御言葉の光に照らされて、初めて自分が律法を守りえない罪人であることが明らかになります。罪を自覚した詩編の詩人は、「わたしの目は川のように涙を流しています」（詩編119・136）と嘆きます。

この世界で、魂を養い、魂を救う言葉は、ただ一つです。すなわち主イエス・キリストを通して、神さまが語ってくださった言葉です。神さまが語ってくださった言葉には、命があって、その命が言葉のうちに現れています（Ⅰヨハネ1・2）。この命にあずかることによって、わたしたちは、「御父と御子イエス・キリストとの交わり」（Ⅰヨハネ1・3）に参与することが許されています。命にあずかるためには、信仰が必要です。「実に、信仰は聞くことにより、しかも、キリストの言葉を聞くことによって始まるのです」（ローマ10・17）。

魂を救う言葉は、礼拝における説教の言葉と聖餐の言葉です。主イエス・キリストは、「種を蒔く人のたとえ」によって（マタイ13・1―9）、神の御言葉を「聞いて悟る人」は、良い土地に蒔かれた種のように、百倍、六十倍、三十倍の実を結ぶことを示されました。神の言葉の説教は、聴き取るわたしたちが、それを神の言葉として受け入れるとき、救いというとてつもない大きな実りをわたしたちにもたらします。

またイエスさまは、弟子たちに裏切られ、やがて十字架におかかりになることを知りつつ、最後の晩餐の席で、聖餐を定められました。イエスさまは、「パンを取り、賛美の祈りを唱えて、それを裂き、弟子たちに与えて言われました。『取りなさい。これはわたしの体である』。また、杯を取り、感謝の祈りを唱えて、彼らにお渡しに」（マルコ14・22―23）なりました。最後の晩餐で主イエスが、愛する弟子たちに示されたことは、パンを裂き、杯を飲むことで、主イエス・キリストの死と復活を後の世にまで告げ知らせることでした。イエスさまは、十字架で血を流し、肉を裂かれることによって、罪を犯したわたしたち人間のための救いの約束が実現したことをはっきりと告げられました。ヨハネによる福音書は、主イエスの肉を食べ、血を飲む者は、主イエスの命にあずかり、永遠に生きるという主ご自身の言葉を紹介しています（ヨハネ６・52―59）。

つまり、神の言葉を説教することによって、生ける復活の主を紹介することと、十字架で苦難を受け死んで復活したイエスさまが、今も生きておられることを聖餐によって確信することが、わたしたちの教会の営みの中心となります。

教会では、楽しい交わり、さまざまな行事もあります。しかし、教会の中心であり頭《かしら》は、復活し天に挙げられたイエスさまです。このイエスさまは、神の右に座っておられて、わたしたちを導き助けてくださいます。その際、イエスさまはいつも聖霊を注いで、そのようにしてくださいます。昇天のキリストと御言葉の伝達は不可分に結びついています。今、この時、わたしたちのささげる礼拝で、キリストを本当に近くに感じるのは、昇天されて天におられるキリストが、説教と聖礼典という二つの恵みの手段によって、わたしたちに永遠に変わることがない言葉を語りかけてくださっているからにほかなりません。わたしたちは、静まって、御言葉を聴くのです。

宗教改革者たちが、教会のまことのしるしを、「御言葉の説教と聖礼典の正しい執行」としたのも、このような理由からです。教会に集って救われる者は、イエスさまの十字架の苦難と罪の赦しを信じる者です。パウロは、「十字架の言葉は、滅んでいく者にとっては愚かなものですが、わたしたち救われる者には神の力です」（Ⅰコリント１・18）と言いました。良い土地に蒔かれた種が、百倍も六十倍も三十倍も大きくなって実を結んだように、イエスさまの苦難と死という言葉を、説教と聖餐から聴き取る者は、大きな信仰の実りの収穫にあずかるでしょう。

問72　説教で語られる神さまの言葉は、何を伝えているのですか。

答　聖書が示しているイエスさまの救い、福音です。

イザヤ７・14、ルカ４・16—21、使徒言行録８・26—35、Ⅰコリント２・１—５、ローマ１・16—17

グリューネヴァルト「イーゼンハイム祭壇画」

説教とは、わたしたちの教会の礼拝で読まれる聖書の説き明かしです。聖書の説き明かしとは、神さまがイエスさまの生涯、特に十字架の死と復活、そして昇天において、ご自分を啓示してくださったことを証言することです。

マティアス・グリューネヴァルト（一四七〇頃―一五二八）という中世の画家が描いた祭壇画に、イエス・キリストの磔刑図（十字架にはりつけになった図）があります。イーゼンハイムの祭壇画と呼ばれるこの絵は、フランスのアルザスの小都市コルマールのウンターリンデン美術館に展示されています。洗礼者ヨハネが右手で、十字架におかかりになったイエスさまを指さしています。指さす白い手が、不釣り合いなほどに大きいのが印象的です。

説教とは、この絵に描かれた洗礼者ヨハネの指のように、イエスさまの十字架という出来事を指し示すことにほかなりません。説教とは、自分の考えや思想を語ることでも、自分がどう聖書を読んだか、あるいは自分の信仰の経歴を聖書の言葉に重ねて伝えることでもないのです。説教は、イエス・キリストの救いの出来事すなわち福音をひたすら語り伝えます。

説教は、生ける神の子イエス・キリストを紹介して、この方が、わたしたちと同じ肉を取り、わたしたちの世界に来てくださって、わたしたちのための救いを完遂してくださった方であることを伝え、その出来事のすべてがわたしたちの救いのためであったことを伝えます。言い換えれば、イザヤ書7章14節の「見よ、おとめが身ごもって、男の子を産み、その名をインマヌエルと呼ぶ」という預言の実現を聖書全体から伝えることです。そこで、説教は、学校の教室で行われる講義や授業とも違います。聖書を細かく注釈するお勉強でもありません。説教は、聖書の言葉に基づいて、今聖霊として生きて働いておられる復活者イエス・キリストを紹介するとともに、この方の恵みを今わたしたちが受けていることを賛美する言葉です。

かつて神はモーセにご自分を現されました。モーセが、しゅうとであるエトロの羊の群れを飼っていたとき、柴が火に燃えているのに、柴自体は燃え尽きないのを知って、火のそばに近づいていきます。そのとき、主なる神は、柴の間から声をかけられました。「モーセよ、モーセよ」。モーセが「はい」と答えると、神さまは言われました。「ここに近づいてはならない。足から履物を脱ぎなさい。あなたの立っている場所は聖なる土地だから」。

こうしてモーセは、イスラエルの民の指導者となり、神の言葉を取り次ぐ者となります。同じように、律法を神の言葉として語り伝えたのが書記官エズラでした。彼は、バビロニアによって破壊された神殿の修復と復興という大事業を行いますが、その際、水の門に集まったユダヤの民に、夜明けから正午まで律法を読み聞かせ、それを説き明かしました。エズラが大いなる神、主をたたえると、民は皆、両手を挙げて、「アーメン、アーメン」と唱和しました（ネヘミヤ8・6）。イスラエルの民は罪の告白へと導かれ、新しい共同体建設へと向かうことになります。

古代のイスラエルでは、モーセやエズラに加えて、神の言葉を取り次ぎ語る者として一群の預言者たちがいました。イザヤやエレミヤ、エゼキエルのような偉大な預言者たちは、自分の思想や経験、教訓を語るのではなく、いただいた神さまの言葉をイスラエルの民に取り次ぎました。

これら旧約の預言者たちを「説教者」と言い換えてよいでしょう。イエスさまも、初めはユダヤ教の会堂で、イザヤ書の巻物を開いて朗読し、説教されました（ルカ4・22）。弟子たちや群衆たちを前にして、神の国の到来という喜ばしい知らせ、福音を説教しました（ルカ4・43）。さらに山に登って弟子たちに説教されたこともあります（マタイ5・1―7・29）。イエスさまだけでなく、ステファノやペトロ、またパウロも群衆たちを前に福音を語りました（使徒言行録2・14―36、7・1―53、28・23―31など）。使徒パウロは福音について、次のようにはっきりと述べています。「わたしは福音を恥としない。福音は、ユダヤ人をはじめ、ギリシア人にも、信じるすべてに救いをもたらす神の力だからです」（ローマ1・16）。神の力である福音を宣べ伝えるとは、「イエス・キリスト、それも十字架につけられたキリスト」（Ⅰコリント2・2）を宣べ伝えることです。

わたしたちが福音を聴くとき、人種や性別、社会的な地位の差異を超えて、すべて信じる人には、救いをもたらす神の力となって迫ります（ローマ1・16）。福音は、わたしたちを罪の悔い改めへと導きます。人生を一八〇度変えます。パウロもペトロも、それまでの人生を捨てて、主イエスに従う者となりました。福音の説教を聴くとは、わたしたちの人生にとって、かけがえのない恵みの出来事なのです。

問73　なぜ説教が神さまの言葉になるのですか。

答　神さまが聖霊によって語るべき言葉をお与えになるからです。

出エジプト4・10―12、エレミヤ1・4―10、マタイ10・19―20、使徒言行録2・1―4、エフェソ6・18―20、Iテサロニケ2・13

礼拝の説教を聴いて、素朴な疑問が湧いてくるかもしれません。牧師が語る説教は、わたしたちが日常用いる人間の言葉で語られているのだから、どうしてそれが「神さまの言葉」になるのでしょうか。

神さまの言葉は、肉体をとって人となられました。そしてわたしたちの間に宿られました（ヨハネ1・14）。つまり、神さまの言葉は、わたしたちと遠く隔たった、理解しがたい言葉ではなくて、イエスさまにおいて人となり、人が理解できる言葉となってくださったのです。牧師は神のようになって説教するのではなくて、神さまに用いられて、神の言葉を伝えます。牧師が語る説教は、「人の言葉としてではなく、神の言葉として受け入れ」（Ⅰテサロニケ2・13）ます。

説教の言葉は、神さまご自身の力すなわち聖霊の働きによって、神の言葉となるのです。御言葉の説教が、すなわち神の言葉なのです。牧師は、「えらいから」「特別な人だから」説教するのではありません。説教する務めを神さまから与えられていると言ったらよいでしょう。神さまから、説教する特別な務めを託されているしるしが、牧師の受ける按手《あんしゅ》です。

ですから、モーセのように「口が重く、舌の重い者」（出エジプト4・10）のような者でも、民の指導者、説教者として選ばれることがあります。モーセは、語るべき言葉を神さまからいただきました。だからこそ、その務めをまっとうすることができました。またエレミヤは、預言者として召し出されるとき、「ああ、わが主なる神よ、わたしは語る言葉を知りません。わたしは若者にすぎませんから」と言って、神さまの招きを一度拒絶します。しかし、主なる神は、「若者にすぎないと言ってはならない。わたしがあなたを、だれのところへ遣わそうとも、行って、わたしが命じることをすべて語れ」と励まされました（エレミヤ1・6―7）。使徒パウロも、イエスさまの僕（奴隷）となって、福音を説教し続けました。パウロ自身は、次のように語ります。「兄弟たち、あなたがたにはっきり言います。わたしが告げ知らせた福音は、人によるものではありません。わたしはこの福音を人から受けたのでも教えられたのでもなく、イエス・キリストの啓示によって知らされたのです」（ガラテヤ1・11―12）。説教者は、イエス・キリストの啓示によって知らされた言葉を語り伝えます。

ここには、説教者の本質がよく示されています。説教者は、自分の内側にある言葉を語るのではありません。むしろ外なる言葉、神さまからの言葉を聴いて語ります。マタイによる福音書10章19節には、主イエスご自身が、弟子たちが迫害に遭ったとき、総督や王の前に引き出されて、彼らや異邦人に証しをすることになると予告されています。そのとき、主イエスは次のように言われました。「引き渡されたときは、何をどう言おうかと心配してはならない。そのときには、言うべきことは教えられる。実は、話すのはあなたがたではなく、あなたがたの中で語ってくださる、父の霊である」（マタイ10・19―20）。ここでも、説教とは何かということが明瞭に示されています。

父なる神の霊、聖霊が語らせるままに説教を語るとは、説教者が、神さまの操り人形のように語ることを意味しません。説教者は、固有の肉体を持ち、人生経験もさまざまです。誰一人として同じ説教者はいません。また民族や文化によって、説教者の語る言語も背景となる文化も千差万別と言えるでしょう。ペンテコステの出来事（使徒言行録2・1―13）は、五旬祭の日に聖霊が下って、イエスさまの弟子たちが一同集まっているところに不思議な出来事が起こります。突然激しい風が吹いてくるような音がして、彼らが座っていた家中に響きます。そして、炎のような舌が分かれ分かれに現れ、一人一人の上にとどまりました。このとき、弟子たち一同は聖霊に満たされて、〝霊〟が語らせるままに、ほかの国々の言葉で話し出しました。

この出来事は、聖霊の働きによって、イエス・キリストの福音をすべての人が語りながら、それぞれの言語が用いられることを示しています。福音を告げる言葉は、決してヘブライ語やギリシア語だけではありません。日本語でも韓国語でも中国語でも、スペイン語でもスワヒリ語でも、宣べ伝えられる出来事なのです。つまり、キリスト教信仰を共有する説教者の説教は、語り方、語る言語は多様であっても、常にたった一つのこと、すなわち福音を証しします。
福音の証しとしての説教を語るときも聴くときも、常にわたしたちが祈りの備えをすることが大切です。牧師は、いつも祈りつつ御言葉の説教の作成にあたります。また説教の聴き手も、祈りの中で御言葉を聴くのです。「絶えず目を覚まして根気よく祈り続けなさい」（エフェソ6・18）の勧めは、説教についてもよく当てはまります。

問74　わたしたちは、どうしたら説教を神さまの言葉として聴くことができますか。

答　聖霊によって初めて、説教を神さまの言葉として聴くことができるのです。

エゼキエル11・19―20、ヨハネ16・13、使徒言行録2・5―11、Ⅰコリント2・11―14、Ⅱペトロ1・20―21、Ⅰテサロニケ1・5―7、Ⅰヨハネ4・1―6

説教を神の言葉として聴くためには、わたしたちがいつも聖霊の働きを祈り求めることが大切です。聖霊の助けを求めず、自分が聞きたいと願う思いや自分がこう語ってほしいという要求は、説教を神の言葉としてではなく、人間の言葉として聞くことを意味します。その結果、説教と説教者への尊敬を忘れ、あたかも聞いている自分が神のようになるのです。
祭司エリのもとで主に仕えていた少年サムエルは、ある日主なる神の呼びかけの声を聞き分けます。「サムエルよ」という呼びかけに対して、サムエルは「どうぞお話しください。僕は聞いております」

と答えました（サムエル上3・10）。「聴く」ということは、一見受身のように見えますが、実はとても積極的な行為です。信仰は聴くことによって始まり、聴くことは、わたしが主体であることを一度止めて、神さまを主体とすることです。説教を聴く者は、「神の前で」へりくだり、謙遜になります。自分が上位に立って、話を聴いてあげるという姿勢は、説教を聴く態度としてふさわしくありません。

説教を聴く者は、神さまから「新しい霊」（エゼキエル11・19）を授けられます。この新しい霊は、神さま以外のものを神として拝み、「憎むべきもの、忌まわしいものに心を寄せる」（エゼキエル11・21）わたしたちの罪を打ち砕きます。説教の御言葉は、わたしたちに常に悔い改めを迫ります。

説教が語られるとき、そこに神さまの霊すなわち聖霊が働いていることは、わたしたちが、わたしたちを支配するさまざまな偶像から離れ、イエスさまの父である神さまのみを神とする信仰を与えられることで分かります。イエスさまご自身は、今天の神さまの右に座っておられ、目には直接見えません。しかし、天に挙げられたイエスさまは、真理の霊を送ってくださり、わたしたちを導いて真理をことごとく悟らせてくださいます（ヨハネ16・13）。この真理とは、宇宙の原理とか、学問的な真実とかではなくて、イエスさまの御父である神さまがどのような方であるかという意味での真理です。イエスさまは、天の父なる神さまの言葉をわたしたちに取り次いでくださいます。説教者は、その言葉を、再び取り次いで、すべての人々に宣べ伝えます。

使徒言行録2章1節以下が記すペンテコステの出来事は、神さまのもとから真理の霊が下り、弟子たちが聖霊に満たされて、〝霊〟が語らせるままに、諸国の言葉で福音を語り始めた瞬間です。福音の宣教としての説教は、万人に理解できる言葉として語ることができるように、神さまご自身が備えてくださる言葉なのです。

説教の言葉は、この世の霊ではなくて、神さまからの霊を受けて、神さまから与えられた愛と恵みの言葉として語られます。説教者は、礼拝ごとにこの言葉を「人の知恵に教えられた言葉」としてではなく、「〝霊〟に教えられた言葉」として語り伝えます（Ⅰコリント2・13）。

ここから、わたしたちが聖書を読み理解するための重要な指針が与えられます。聖書はすべて神さまの霊の働きによって書かれています。聖書が証言し、預言することは、何一つ自分勝手に解釈できるものではありません。「なぜなら、預言は、決して人間の意志に基づいて語られたのではなく、人々が聖霊に導かれて神からの言葉を語ったものだからです」（Ⅱペトロ1・21）。ここで「預言」と言われている言葉は、「説教」のことです。説教は、聖書をわたしたちが勝手に解釈して、わたしたちに好ましいように語ることではなくて、聖霊に導かれて、神さまの言葉を語ることなのです。

説教者は神さまから全権を委ねられて、聖霊の導きのもとに神さまの言葉を語ります。宗教改革の時代には、「御言葉の説教が、すなわち神の言葉である」（第二スイス信仰告白の見出しの一節）と言われたほどです。

問75　**説教が神さまの言葉として語られ、また聞かれるとき、わたしたちのうちに何が起こりますか。**

答　**十字架の死から復活されたイエスさまとお会いします。そしてわたしたちの罪が赦されたことと、永遠の生命が与えられたことを知り、イエスさまに従って生きる者とさ**

れます。

ルカ24・13―35、ルカ24・36―49、ヨハネ21・15―19、使徒言行録22・6―16、Iコリント15・1―11、ガラテヤ3・1―2

わたしたちは、罪に捕らえられ、魂の飢え渇きの中にいます。わたしたちは、そこから逃れるすべを知りません。詩編の詩人は、「主よ、御救いをわたしは望みます」（詩編119・174）と歌いました。この詩人の願いは、「御言葉をあるがままに理解させてください」（詩編119・169）という願いと響き合っています。救いを得るとは、神さまの御心をあるがままに理解し、それに服することにほかなりません。神さまの御心は、わたしたちを愛し、罪より救い出してくださることだからです。

救いへの真剣な渇望に対して、主なる神さまは、御言葉を聴くことができるようにわたしたちを招いてくださいます。「耳を傾けて聞き、わたしのもとに来るがよい。聞き従って、魂に命を得よ」（イザヤ55・3）と語りかけ、「わたしに聞き従えば、良いものを食べることができる。あなたたちの魂はその豊かさを楽しむであろう」（イザヤ55・2）と約束してくださいます。わたしたちが、御言葉を聴くために召し出されていること自体が、実はとても大きな恵みの出来事と言えます。

神さまの言葉が語られ、聴かれるとき、わたしたちのうちには、罪の支配から解放されて、イエスさまに捕らえられて新たに生きる喜びと力が湧いてきます。言い換えれば、説教の御言葉を信じることによって、神さまの独り子イエスさまと出会います。

イエスさまとの出会いは、それまでの自分の生き方がどのようであれ、イエスさまの命にあずかって、心が燃えるような経験をもたらします（ルカ24・32）。「心が燃える」とは、何か特別な宗教的体験をするというよりも、イエスさまがわたしたちの罪と死に勝利して、今も生きておられることを確信して、主イエスの本当に近くにいることで与えられる喜びと力の経験です。エマオ途上で、復活したイエスさまが、弟子たちに近づいて、同じ宿に泊まり、同じ食卓を囲んだように、イエスさまの方から、わたしたちに近づいてきてくださいます。わたしたちは、イエスさまが近づいてくださることを確信して、常にイエスさまを迎え入れる準備をしなければなりません。

イエスさまがわたしたちの近くにおられるということは、わたしたちの目の前に、十字架につけられ復活されたイエスさまが、はっきりと示されることです（ガラテヤ3・1、使徒言行録22・6以下）。十字架の主がはっきりと示されるのも、福音の説教を聴き、聖霊の注ぎを受けることによって与えられた信仰によります。御言葉の説教は、わたしたちにイエスさまを救い主として信じる信仰を呼び起こします。この信仰によって生きる人々こそ、神さまの救いの約束を受け継ぐ「アブラハムの子」（ガラテヤ3・7）なのです。

わたしたちは礼拝のたびごとに御言葉の説教を聴き続けます。説教は、聖書の言葉が語られるたびに、新たな出来事を生み出します。コリントの信徒への手紙一14章23節は、説教の言葉がどのような出来事を生み出すかを記しています。教会の兄弟姉妹たちが、一緒に集まって皆が異言を語っているときに、教会に来て間もない人や信者ではない人が入ってきたら、皆が気が変になっていると言わないでしょうかとパウロは問いかけています。異言とは、恍惚状態になって意味不明の言葉を語ることです。パウロは、異言をすべて否定しているわけではありませんが、「預言」すなわち説教こそが、教会で行われるにふさわしいことだと述べています。「反対に、皆が預言しているところへ、信者でない人か、教会に来て間もない人が入って来たら、彼は皆から非を悟らされ、皆から罪を指摘され、心の内に隠していたことが明るみに出され、結局、ひれ伏して神を礼拝し、『まことに、神はあなたがたの内におられます』と皆の前で言い表すことになるでしょう」（Ⅰコリント14・24―25）。

御言葉の説教は、わたしたちを復活の主イエスの前に立たせることによって、わたしたちの罪を明らかにし、しかもその罪の赦しが与えられていることを告げ知らせます。だからこそ、神への感謝をささげる礼拝へと導かれます。これが、説教を毎週聴き続ける恵みの内容です。

同時に、説教を聴くことによって、わたしたちは真理を受け入れ、魂を清められ、偽りのない兄弟愛を抱くようになります。神を愛し、人を愛する生活の原点は、御言葉を聴くことから始まります。わたしたち人間は、やがて八十年、九十年の生涯を終えると、草や野の花のように枯れて散ってしまいます。「しかし、主の言葉は永遠に変わることがない」（Ⅰペトロ1・25）と言われます。

永遠に変わることがない主なる神さまの言葉によって、新しい命に生きる深い喜びが、御言葉を聴くすべての者には約束されています。

第3節　聖礼典

問76　聖礼典とは何ですか。

答　神さまの恵みを表す、目に見えるしるしです。

使徒言行録２・37―42、ローマ４・11、Ⅰコリント12・13

「聖礼典」とは、もともとサクラメントゥムというラテン語を日本語に翻訳したものです。「サクラメントゥム」（英語ではサクラメント）とは、古代ローマ帝国で、兵士が軍務に服するとき、皇帝に忠誠を誓う際の宣誓やそれを表すための供託金を意味しました。サクラメントゥムとは、見える「しるし」によって、忠誠という見えない内容を表す言葉でありました。

聖礼典（サクラメント）は、このように元来はキリスト教とは直接関係のない言葉でしたが、二世紀後半から主イエス・キリストが制定された洗礼と聖餐を指す言葉として使われるようになります。なぜなら、洗礼や聖餐もまた、水やぶどう酒、さらにはパンという目に見える物質を通して、イエスさまが今生きて働いておられるという目に見えない事柄を指し示すものと考えられたからです。

主なる神さまの恵みは、説教という目には見えない言葉とともに、目に見える言葉である聖礼典によって与えられます。洗礼と聖餐という目に見える言葉がわたしたちに与えられているのは、わたしたちの信仰の弱さを助けるためです。わたしたちの信仰は、本当に弱く頼りないもので、見えないものによっては、ただちに信ずべきものを理解できないのです。そこで主イエス・キリストは、目に見えるパンとぶどう酒という物を用いる聖餐を定めて、弱いわたしたちに誰でも認められる仕方で、恵みを注いでくださるのです。

ヨハネによる福音書では、主イエスは、ユダヤ人たちと議論を交わす中で、「はっきり言っておく。人の子の肉を食べ、その血を飲まなければ、あなたたちの内に命はない。わたしの肉を食べ、わたしの血を飲む者は、永遠の命を得、わたしはその人を終わりの日に復活させる」(ヨハネ6・53―43)と約束されました。このイエスさまの言葉は、聖餐が目に見えるイエス・キリストの体といかに密接に結びついているかを示しています。イエスさまは、まことの言葉でした。この言葉は、初めから神と共におられました。しかし、この言葉は、肉体をとってわたしたちの間に宿られました。この受肉という出来事によって、見えない言葉は、見える言葉となり、聖礼典において、恵みの外的手段によっても示されるものとなりました。

キリスト教会は、その歴史の初めより、イエス・キリストの名によって人々に洗礼を授け、パンを裂く聖餐の交わりを行っていました(使徒言行録2・37―42)。この交わりは、十字架にかかり復活された主イエスの体にあずかることによって、一つの体となるためのものでした(Iコリント10・16―17)。言葉も文化も、社会的な地位も違う人々が、イエスさまを救い主と信じる信仰によって、キリストの体にあずかることで、「大勢でも一つの体です」(Iコリント10・17)とはっきりと言えるのです。

わたしたちは、この一つの体となるために洗礼を受け、一つなる教会の肢として、頭であるイエスさまに仕えるのです(Iコリント12・13)。

問77 目に見えるしるしとは何ですか。

答　洗礼と聖餐です。それらは神さまが定められたもので、イエスさまが直接お命じになりました。

詩編34・9―11、マタイ28・16―20、Ⅰコリント11・23―25

神さまが、恵みをわたしたちに注ぐ手段として定めてくださった聖礼典は、目に見えるしるしです。説教を見えない言葉と言うのに対して、聖礼典は、見える言葉、しるし、証印と言われます。

古代から中世にかけて、目に見える物質を媒介にして見えないものが示されるというサクラメントには、洗礼や聖餐以外のたくさんの事例も含まれると考えられるようになりました。十六世紀のローマ・カトリック教会は、サクラメントの数を限定して、洗礼と聖餐の他に、臨終の床で油を塗って神の恵みを祈る終油や、杖などを与えて聖職者の任命を行う叙階、その他結婚、堅信、告解の七つに定めました。これに対して、ルターやカルヴァンといった宗教改革者たちは、主イエス・キリストご自身が制定した洗礼と聖餐のみが聖礼典であるとして、聖礼典を二つに限定しました。

このような限定によって、御言葉の説教と共に、聖礼典を正しく行うことが、まことの教会のしるしであると考えられるようになります。なぜなら、主イエス・キリストの定めてくださった洗礼と聖餐にあずかることで、わたしたちはイエス・キリストの父なる神さまのまことの恵みをいただくことができると考えたからです。主の恵みを味わい、主の御もとに身を寄せる人は、「いかに幸いなことか」（詩編34・9）と歌われているとおりです。

洗礼については、イエスさまご自身が、洗礼者ヨハネから洗礼を受け、地上のご生涯を始められました。さらに十字架にかかり復活された主イエスは、弟子たちに現れ、伝道の命令を与えられました。この伝道のご命令の中で、「あなたがたは行って、すべての民をわたしの弟子にしなさい。彼らに父と子と聖霊の名によって洗礼を授け、あなたがたに命じておいたことをすべて守るように教えなさい。わたしは世の終わりまで、いつまでもあなたがたと共にいる」（マタイ28・19—20）と約束してくださいました。弟子たちは、洗礼を授けたらよいですよと勧められたのではなく、洗礼を施すように命じられたのです。

さらに、コリントの信徒への手紙一11章には、主イエスの聖餐の制定の言葉が記されています。「わたしがあなたがたに伝えたことは、わたし自身、主から受けたものです。すなわち、主イエスは、引き渡される夜、パンを取り、感謝の祈りをささげてそれを裂き、『これは、あなたがたのためのわたしの体である。わたしの記念としてこのように行いなさい』と言われました」（Iコリント11・23—24）。聖餐は、パウロ自身が伝え聞いたように、主イエスご自身が定め、それを行うように命じられたものでした。マルコによる福音書14章、マタイによる福音書26章、ルカによる福音書22章には、それぞれ最後の晩餐において、主イエスが十二弟子たちと共に、最初の聖餐を祝ったさまが描かれています。マタイによる福音書26章26節以下では、イエスさまはパンを取り、賛美の祈りを唱えて、それを裂き、弟子たちに与えて言われました。「取って食べなさい。これはわたしの体である」。また、杯を取り、感謝の祈りを唱え、彼らに渡して言われました。「皆、この杯から飲みなさい。これは、罪が赦されるように、多くの人のために流されるわたしの血、契約の血である」（マタイ26・26—28）。

問78　洗礼と聖餐の違いは何ですか。

答　洗礼は、イエスさまの体に結ばれる一度だけの恵みの出来事であり、聖餐は洗礼を受けた人が生涯あずかるものです。だから、まだ洗礼を受けていない人は、聖餐にあずかることができないのです。

Ｉコリント11・26―29、コロサイ2・6―7

洗礼と聖餐は、共に十字架にかかり復活され天に挙げられた主イエス・キリストと一つに結ばれている恵みをいただく外的な手段です。つまり、水やパン、ぶどう酒という外的な物を通して、恵みが明らかにされる点では同一です。しかし、洗礼が一度だけわたしたちに与えられる恵みの出来事であるのに対して、聖餐は繰り返し祝われる礼典です。

御言葉だけで十分ではないかと言う人がいます。しかし、わたしたちは御言葉を聴いて、ただちにイエスさまのご命令どおり生き、イエスさまを間近に感じて生きることができるほど信仰的に強いでしょうか。

わたしたちは、すぐに神さまを忘れ、祈ることを疎《おろそ》かにし、恵みのうちに生きることができなくなってしまいます。そのようなわたしたちのために、イエスさまは、聖餐を定めてくださったのですから、わたしたちは聖餐にあずからなければ、信仰的に健やかに生きることはできないのです。洗礼を受けて教会の一員となった人は、定期的に聖餐のパンとぶどう酒をいただき、神の恵みを深く味わうことができます。それなしに、クリスチャンの生活は成り立ちません。

幼児洗礼を受けて信仰告白式を終えていない人も、聖餐にあずかることができません。なぜなら、神さまの恵みは、わたしたちの信仰の応答を求めるからです。恵みをいただいて、それが自動的に聖餐にあずかる資格のようになるわけではないのです。

信仰は常に口で言い表されなくてはなりません。幼い時、それこそ記憶にも残っていない時に、クリスチャンである両親の信仰によって洗礼を受けた人は、自覚的に信仰を言い表すことができる年齢になったなら、信仰告白をして、聖餐にあずかるべきです。「あなたがたは、主キリスト・イエスを受け入れたのですから、キリストに結ばれて歩みなさい」とコロサイの信徒への手紙2章6節は勧めます。

かつてイスラエルに寄留した人々のうち割礼を受けた者だけが、過越祭を祝うことが許されたように（出エジプト12・48）、幼児洗礼を受けて信仰告白を終えた者だけが、聖餐のパンとぶどう酒にあずかります。

信仰なしに聖餐のパンとぶどう酒をいただくことは、聖なるものを、その聖なる本質も知らずに食する冒瀆にほかなりません。イエスさまご自身が、「神聖なものを犬に与えてはならず、また、真珠を豚に投げてはならない」（マタイ7・6）とおっしゃったとおりです。

信仰をもって聖餐にあずかるとき、わたしたちの頑なな魂の扉を主イエスは開けて、入ってきてくださいます。イエスさまを忘れて、自分の罪の闇に閉じこもっていたわたしたちは、イエスさまと出会います。わたしたちがイエスさまのところに赴くのではなく、イエスさまが来てくださるのです。イエスさまは、「見よ、わたしは戸口に立って、たたいている。だれかわたしの声を聞いて戸を開ける者があれば、わたしは中に入ってその者と共に食事をし、彼もまた、わたしと共に食事をするであろう」（黙示録３・20）と語っておられます。

イエスさまは、礼拝で聖餐にあずかるたびごとに、わたしたちの教会の群れの中心に立っていてくださり、イエスさまが引き渡された夜とまったく同じように、「パンを取り、感謝の祈りをささげてそれを裂き、『これは、あなたがたのためのわたしの体である。わたしの記念としてこのように行いなさい』」。さらに「この杯は、わたしの血によって立てられる新しい契約である。飲む度に、わたしの記念としてこのように行いなさい」と言われるのです（Ⅰコリント11・23―25）。

第４節　洗礼

問79　洗礼について教えてください。

答　洗礼とは、わたしたちのために十字架で死んで、復活されたイエスさまと一つに結ばれることです。洗礼を受けて、イエスさまと共に、罪に対して死に、イエスさまと共に、新しく生まれることができるのです。

マルコ１・１―８、ヨハネ３・３―６、ローマ６・１―11、ガラテヤ３・26―29、Ⅰ

コリント10・1―13、Iコリント12・12―13、コロサイ2・11―15

洗礼は、イエスさまが、神の独り子であり、わたしたちの罪を赦してくださる唯一の方であることを信じて、水の洗いを受けて、新しく生まれ変わることです。イエスさまの時代には、すでに洗礼者ヨハネが、荒れ野に現れて、罪の赦しを得させるために悔い改めの洗礼を宣べ伝えていました（マルコ1・4）。洗礼者ヨハネは、自分はかがんでその方の履物のひもを解く値打ちもないと、イエスさまの到来の預言をしていました。洗礼者ヨハネは、自分は水で洗礼を授けていたが、イエスさまは、「聖霊で洗礼をお授けになる」（マルコ1・8）と預言しました。イエスさまの授ける洗礼は、人が授ける洗礼ではなくて、神さまによる、天からのご命令とご計画による洗礼であることが示されています。イエスさまが洗礼者ヨハネから洗礼を受けられたとき、「天が裂けて、〝霊〟が鳩のように御自分に降って来るのを、御覧になった」と書かれています（マルコ1・10）。

洗礼を受けて、一度罪に対して死に、イエスさまと共に生まれ変わるとは、お母さんの胎内に再び生まれ変わるということではありません。イエスさまが、「人は、新たに生まれなければ、神の国を見ることはできない」と教えられたとき、ニコデモというファリサイ派に属する議員であったユダヤ人が、イエスさまに尋ねたことがありました。「年をとった者が、どうして生まれることができましょう。もう一度母親の胎内に入って生まれることができるでしょうか」（ヨハネ3・4）。このとき、イエスさまは次のように答えました。「はっきり言っておく。だれでも水と霊とによって生まれなければ、神の国に入ることはできない」（ヨハネ3・5）。

洗礼は、水という物質を用いながら、神さまの働きかけによって、すなわち聖霊の力によって、人間が母の胎内に再び入ることなく、霊的に生まれ変わることです。聖霊の力によって霊的に生まれ変わるとは、神の独り子イエスさまのご支配に入ることです。洗礼を受けるまでは、わたしたちは罪の支配下にありました。罪は、自分を第一に愛することであり、神さまから限りなく離れていく人間のあり方です。罪ある人間の結末は、死と滅びです。しかし、キリスト・イエスに結ばれるとき、わたしたちは、新たに生まれ変わって、神に対して生きるようになります。神に対して生きるとは、神さまとの正しい関係を回復して、神さまの顔を避けることなく生きることです。

洗礼を受ける者は、神とキリストそして聖霊への信仰を告白します。礼拝で共に唱和する使徒信条もニカイア信条も、元来は古代ローマの教会で行われた洗礼式の際に、信仰を問う問答形式の言葉でした。それが、洗礼志願者の教育の中で、ひと結びの信仰箇条に整えられ、今日わたしたちが知っている使徒信条やニカイア信条ができたと考えられています。

パウロは、「あなたがたは皆、信仰により、キリスト・イエスに結ばれて神の子なのです」（ガラテヤ３・26）と述べています。信仰を告白し、洗礼を受けてキリストに結ばれた者は、「キリストを着ている」（ガラテヤ３・27）とも言われています。洗礼を受けた者は、神の御子イエス・キリストとの近さと親しさの中で生きるようになります。洗礼を受けた者の心は清められ、真心から神に近づく恵みを与えられます。クリスチャンが、「神の子」とされるのも、洗礼によって善にして義であり、まことの平和であるイエスさまの支配下に入るからです。イエスさまと一つに結ばれるとは、わたしたちの罪の贖い主であるイエスさまの支配下に入り、神の子とされて、イエスさまをいつも近くに感じて生きることです。

すでに旧約聖書の時代、ノアの箱舟に乗った者たちは、水の中を通って救われました（Ⅰペトロ3・20）。このノアの洪水の際の水は、新約の時代の洗礼を指し示しています。さらに出エジプトの際にイスラエルが紅海を渡った出来事も、洗礼を指し示すものと考えられています（Ⅰコリント10・2）。洗礼は、今やイエス・キリストの復活によって、信じる者たちを救うのです。

問80　なぜ洗礼を受けることが必要なのですか。

答　人間は、自分の力で自分を救うことができないからです。ただイエスさまの十字架と復活のみわざだけが、わたしたちを罪と死の支配から救い出すことができます。洗礼は、その救いにあずかっていることの確かな保証なのです。

創世記17・9―14、マタイ3・13―17、使徒言行録2・36―42、ローマ5・1―11

海でおぼれている人を、おぼれている人が助けることができないように、罪に汚れた人の救いは、罪人にはできません。罪の汚れとは無縁の神さまの独り子だけがおできになります。わたしたちは、罪の支配下にあるとき、わたしたちと同じ肉体をとりながら、肉と関わる罪とはまったく無縁のイエスさまを通して、救われるのです。イエスさまを通して救われるためには、わたしたちがイエスさまと一つに結ばれて、罪の体、古い自分が一度水に沈んで死に、そこから甦らされる洗礼が必要です。

人間は自分の力で自分を救うことができません。ただイエスさまの十字架と復活のみわざだけが、わたしたちを罪と死の支配から救い出すことができます。神さまの救いの約束は、すでに旧約の時代に、族長アブラハムに与えられました。アブラハムが九十九歳になったとき、主なる神さまはアブラハムに現れて言いました。「わたしは全能の神である。あなたはわたしに従って歩み、全き者となりなさい。わたしは、あなたとの間にわたしの契約を立て、あなたをますます増やすであろう」（創世記17・1―2）。アブラハムが神さまから与えられた約束は、子孫の繁栄と土地の取得というきわめて具体的な事柄でした。この約束のしるしとして、イスラエルの男子は、生まれると八日目に「割礼」を受けました。この割礼こそ、洗礼を指し示す旧約の予型でした。

イエスさまご自身が神さまの契約のしるしとしての洗礼を受けられるとともに（マタイ3・13）、初代の教会では、イエスさまの名によって洗礼を施しました（使徒言行録2・38）。初代教会の行った洗礼は、罪の赦しのためであり、賜物としての聖霊を受ける機会でもありました。この約束は、古代のイスラエルの民ばかりではなく、わたしたちの子どもたちにも、遠くにいる人々にも、つまりわたしたちの神である主が招いてくださるなら、誰にでも与えられているものです。もちろん、招きは、わたしたちの信仰を前提とします。

信仰によって義とされた者は、イエスさまとの間に敵意ではなくて、平和を与えられます。この平和は、イエスさまがわたしたち人間の罪ゆえにわたしたちに下されるさばきをご自分が引き受けてくださり、さらに十字架によって悪と死に勝利してくださったゆえに、もたらされたものです。主イエスの激しい戦いとわたしたちを深く愛するゆえのご決意によって、わたしたちは神さまとの間に義の関係を与えられています。言い換えれば、わたしたちは、御子の死によって神と和解させていただいており、さらに御子の命によって救われています。

ですから、信仰者は、苦難をも誇り、苦難が忍耐を、忍耐は練達を、練達は希望を生むと確信しています（ローマ5・2―4）。信仰を言い表し、洗礼を受けた者は、偶像礼拝や悪しき行いから遠ざかります。キリストを通して、生ける神を礼拝するように導かれます（ヘブライ9・14）。主イエス・キリストの名と神の霊によって洗われた者は、神に選ばれて聖なる者とされ、義とされているからです（Ⅰコリント6・10―11）。

問81　どうしたら、洗礼を受けることができますか。

答　聖霊の導きによって、イエスさまの救いを信じ受け入れることを告白し、罪から離れることを心から願うことによってです。

詩編73・21―28、ヨナ2・1―2、ルカ5・1―11、ルカ23・39―43、使徒言行録16・25―34

洗礼を受けるためには、聖書が証言し、代々の教会の信仰告白が告白する信仰を口で公に言い表すことによって、イエスさまの救いを信じ、救いを行ってくださる神さまが、父と子と聖霊の神さまであることを告白します。この告白に導くために、教会は洗礼志願者のために信仰教育を行い、試問を行って、信仰を確かめます。

洗礼を受けるためには、教会の礼拝を重んじ、そこで神さまの御言葉をしっかりと聴くことによって、罪の悔い改めへと導かれることが何より大切です。洗礼によって、わたしたちは救い主であるイエスさまに結ばれて、イエスさまを着る者となります。

イエスさまの救いを心の内で、ひそかに確信していればよいと考えるのは間違っています。なぜなら、「口でイエスは主であると公に言い表し、心で神がイエスを死者の中から復活させられたと信じるなら、あなたは救われるからです」（ローマ10・9）。

わたしたちは、洗礼式において、主イエスが救い主であることを公に告白し、証人たちの前で、信仰告白に固く立って、信仰者としての歩みを続けることを誓約します。つまり、洗礼とは、自分の信仰の確信や信念ではなく、教会が語り継いできた信仰内容を、自分自身の信仰として受け入れることであり、そのような信仰の共同体である教会への入会の儀礼でもあるのです。

旧約聖書のヨナ書には、悪に染まったニネベに行って神の言葉を宣べ伝えるように命じられたヨナが、神の命令に背いて、タルシシュに向かった物語が描かれています。タルシシュ行きの船は、やがて大嵐に遭い、その原因が、神に対するヨナの背きにあることが分かると、ヨナは手足を捕らえられて、海に放り込まれてしまいます。

ヨナは、海の中で巨大な魚に飲み込まれて、三日三晩魚の腹の中にいることになります。ヨナは、苦難の中で、主なる神に祈りをささげると、主は答えてくださいます。やがて、ヨナの祈りは聞かれて、魚はヨナを陸地に吐き出して、ヨナの命は助かります。このヨナの物語は、古来教会では、洗礼を示す物語として読まれてきました。神の恵みによって、罪赦されて生きるヨナの姿が、水の中に三度沈められて洗礼を受け救われるクリスチャンの姿と重ねられたのです。

ヨナのように、初めは神のご命令に背きながら、やがて自分の犯した罪から離れたいと願うのは、人間が自分自身の弱さやはかなさを深く知り、神に近くあることがどれほど幸いなことかを認識するからにほかなりません。詩編の記者は、「見よ、あなたを遠ざかる者は滅びる。御もとから迷い出る者をあなたは絶たれる」(詩編73・27)と述べて、主の近くに行くことがどれほど幸いであり恵まれたことかを歌っています。罪を離れたいという思いは、神の義しさを前にして、わたしたちを心からの悔い改めへと至らせます。

洗礼を受けるとは、わたしたちが神によって選ばれ、召されて、神の近くに行くことにほかなりません。それまでの生き方がどのようであれ、イエス・キリストを信じるとき、わたしたちはイエスさまご自身に導かれて、イエスさまの近くに行くのです。

洗礼もまた神さまがわたしたちを招き、導いてくださるという神さま主導の出来事です。コリントの信徒への手紙一12章3節で、パウロは、「聖霊によらなければ、だれも『イエスは主である』とは言えないのです」と述べています。これも、洗礼に先立つ信仰の告白が、神の力、神の導きのもとでなされることを意味しています。

使徒言行録には、フィリピの町で投獄されたパウロとシラスが、真夜中に賛美を歌って神に祈りをささげていると、突然大地震が起こった様子が書かれています。地震によって、たちまち牢獄の扉が開き、すべての囚人の鎖もはずれてしまいます。目を覚ました看守は、囚人たちが皆逃げてしまったと思い込み、剣を抜いて自害しようとします。そのとき、パウロは大声で叫びました。「自害してはいけない。わたしたちは皆ここにいる」（使徒言行録16・28）。このとき、看守は牢獄に飛び込み、パウロとシラスの前に震えながらひれ伏し、二人を外に連れ出して言います。「先生方、救われるためにはどうすべきでしょうか」。二人は言います。「主イエスを信じなさい。そうすれば、あなたも家族も救われます」（使徒言行録16・31）。そしてパウロとシラスは、看守とその家の人たち全部に主の言葉を語ります。この後、看守は、真夜中であったにもかかわらず、パウロとシラスを連れて打ち傷をまず洗ってやり、家族の者と共に、洗礼を受けます。看守の家族全員が洗礼を受けて、クリスチャンとなりました。もし看守の子どもたちが小さければ、今日《こんにち》言うところの幼児洗礼を受けたとも考えられます。しかし、ここで重要なことは、パウロとシラスが、まず主の言葉を語り、その後で洗礼が施されたという点です。

問82　洗礼における目に見えるしるしとは何ですか。

答　それは水です。水そのものに特別な力はありません。洗礼の水は、わたしたちの罪が、イエスさまの流された血と、聖霊によって洗い清められ、わたしたちが新しく生まれることを表しています。

エゼキエル36・25―29、ヨハネ3・5―6、使徒言行録10・44―48、エフェソ5・26―27、Ⅰペトロ3・18―22、テトス3・4―7

洗礼式では、受洗者は父なる神と子なるキリスト、そして聖霊を信じますかと、わたしたちの教会の信仰告白に基づいて問われます。「はい、わたしは神と教会との前に信じ告白します」と答えると、頭に三度水が振りかけられ、洗礼式が執り行われます。頭に振りかけられる水は、神の創造された世界の中で、わたしたち人間にはなくてはならないものです。もちろん、水が何か魔術的な力を発揮して、わたしたちの罪が清められるのではありません。

しかし、洗礼の水は汚れを清め、わたしたちの命を養ってくださる祝福された物質です。洗礼の水が、特別で何か不思議な力を持つわけではないとしても、イエスさまは水を用いて、洗礼を行うように命じられたのです。ですから、水以外の物質で洗礼を代替させることはできません。古代教会では、流れる水辺に出かけていって、水の中に浸かるかたちで洗礼を行いました。しかし、流れる水のない場所では、受洗者の頭に水をたらして洗礼式を行う滴礼《てきれい》という方法を採りました。わたしたちの教会は、それに倣って、頭に水をたらすという仕方で洗礼を行っています。

洗礼者ヨハネは、イエスさまの伝道の先駆けとして、荒れ野でバプテスマを授けていました。彼は、主イエスと同じく、「悔い改めよ。天の国は近づいた」と人々に呼びかけました（マタイ３・２）。洗礼者ヨハネもまた、神の怒りの審判を預言しました。「斧は既に木の根元に置かれている。良い実を結ばない木はみな、切り倒されて火に投げ込まれる」。

洗礼者ヨハネも主イエスも共に、イスラエルの人々の悔い改めと神への真剣な立ち帰りを宣教しました。神の激しい怒りのさばきゆえに、人々は、終わりの日に備えて歩むように諭されているのです。

洗礼者ヨハネも主イエスも共に、悔い改めと神の国の到来の預言をしました。
しかし、ヨハネの洗礼が、悔い改めに導くために、水で授けられたのに対して、イエスさまの洗礼は、聖霊と火で授けられました。良い実を結ぶ者と結ばない者とが、はっきりとイエスさまの定めた洗礼によって区別されるのです。言い換えれば、イエスさまが定められた洗礼は、救われる者と救われない者を選り分けます。ちょうど、ノアの箱舟に乗り込んだ数人が、「水の中を通って救われました」（Ⅰペトロ３・20）ように、「この水で前もって表された洗礼は、今やイエス・キリストの復活によってあなたがたをも救うのです」（Ⅰペトロ３・21）。
神さまが、わたしたちに信仰を与え、クリスチャンとして選び出してくださるのは、わたしたちが元来善い人間であるとか、善い行いをしたとかにはよりません。あるいは、どれほど多くまた深く悔い改めたかという、いわばわたしたちの側の事情には依拠しません。まったく神さまの自由な選びによります。テトスの手紙３章５節は、この点を次のように記しています。「神は、わたしたちが行った義の業によってではなく、御自分の憐れみによって、わたしたちを救ってくださいました。この救いは、聖霊によって新しく生まれさせ、新たに造りかえる洗いを通して実現したのです」。

問83　洗礼を受けてから、わたしたちはどう変わるのですか。

答　聖霊の導きによって、自分中心の生活から神さま中心の生活へと変えられます。それは、イエスさまの体である教会に結ばれて生きるようになることです。

ヨハネ15・1—15、ローマ6・10—11、Ⅰコリント12・12—27、ガラテヤ1・11—23、ガラテヤ2・20、Ⅰヨハネ5・1—5

洗礼を受けることによって、わたしたちは聖霊によって新しく生まれ変わります。聖霊は、十字架にかかり死んで復活され、天に挙げられたイエス・キリストの霊です。この霊の注ぎを受けると、わたしたちは、自分中心の生き方から、父なる神さま中心の生き方をする者に変えられます。そのように自分が変わるのは、わたしたちが信仰を告白して、天におられるイエスさまと一つに結ばれるからです。ローマの信徒への手紙6章11節には、洗礼を受けた者のあり方が、「キリスト・イエスに結ばれて、神に対して生きている」と表現されています。イエスさまに結ばれて、神に対して生きている生き方こそ、神さま中心の生活に変えられたクリスチャンのあり方です。パウロは、ガラテヤの信徒への手紙2章20節では、「生きているのは、もはやわたしではありません。キリストがわたしたちの内に生きておられるのです」と述べています。

神さま中心の生き方とは、一週間の初めに礼拝を守り、神さまの言葉を聴く生き方です。神さまの言葉を真剣に聴く者は、罪の悔い改めへと導かれ、神さまに感謝の祈りと賛美をささげ、神の僕として生きる決意を与えられて、新しい一週間の歩みへと遣わされていきます。この世界のただ中で、神と人を愛し、神の戒めに忠実に生きるようになります。

ある律法学者がイエスさまに尋ねました。「あらゆる掟のうちで、どれが第一でしょうか」。するとイエスさまは答えました。第一の掟は、「神は唯一である。ほかに神はない。心を尽くし、知恵を尽くし、力を尽くして神を愛しなさい」。そして第二の掟は、「隣人を自分のように愛しなさい」（マルコ12・28―34参照）。主のお答えには、新しい生き方へと導かれた者が、神を愛し、隣人を愛する生き方へと導かれることが示されています。この生き方こそ、神中心の生き方なのです。

　神中心の生き方は、それまで自分が一番大切にしてきたものを、捨てるという生き方でもあります。お金こそ大切だと考えてきた人は、お金を捨てます。地位や名誉こそ大切だと考えて生きてきた人は、それらを捨てます。自分の生きがいややりがいを第一にしてきた人は、神さまのご栄光を表すことを第一に考えます。こうして、いつも「自分が、自分が」という思いから解き放たれて、神さまがわたしに何を望んでおられるのだろうかと問う生き方へと転換します。

　かつて、パウロは、クリスチャンを迫害する者から、キリストを愛し、宣べ伝える伝道者になりました。ダマスコという町に向かう途中で、パウロは、復活の主イエスに出会います。このとき、パウロは一時的に目が見えなくなります。ダマスコでアナニアという人がいて、「元どおり見えるようになりなさい」と言うと、たちまちパウロの視力は回復します。そしてアナニアはパウロに、「……あなたは、見聞きしたことについて、すべての人に対してその方の証人となる者だからです」と言いました（使徒言行録22・6―16）。こうして、パウロの生涯は、神さまを伝え、神さまの不思議なわざを証言する伝道者の生涯になりました。

　このような生き方の転換ができたのは、パウロが、父なる神さまの怒りを引き受けてくださったイエスさまに出会い、この方を救い主と信じるからです。神さま中心の生活をする者は、このイエスさまへの信仰を大切にし、いつも信仰者としての行動を心がけます。

洗礼を受けた人は、キリストの体である教会の一員となります。教会は、目に見える共同体であると同時に、目に見えない普遍的な「公同の教会」です。頭《かしら》は、イエスさまです。わたしたちは、ぶどうの木の枝のように、イエスさまという体の一部分として、教会に連なります（ヨハネ15・1以下）。どんな人も、人種や文化、言語や社会的な地位、年齢などが違っていても、「皆一つの体となるために洗礼を受け、皆一つの霊をのませてもらったのです」（Iコリント12・13）。

自分は何もできないから、教会には必要とされていないのではないかなどと言う必要はありません。神さまは、見劣りのする部分をかえって引き立ててくださいます。だから、わたしたちは教会では、行いによってではなく、信仰によって一つとなります。そして一つの部分が苦しめば、すべての部分が共に苦しみ、互いに支え合って、終末の日を待ち望みます。

問84　幼児（小児）にも洗礼は授けられるべきですか。

答　はい。洗礼は、すべて神さまの恵みであって、わたしたちのわざによるものではありません。神さまの救いは幼児にも初めから約束されています。だから、大人も子どもも神さまの選びによって、無条件に洗礼へと招かれているのです。

創世記17・1―8、イザヤ44・1―3、詩編139・13―16、ルカ18・15―17、使徒言行録16・11―15、IIテモテ1・3―5

幼児洗礼とは、自分の口で信仰を言い表すことができない幼児（あるいは小児）に、両親の信仰に基づいて、教会が施す洗礼のことです。幼児洗礼は、神さまの恵みと選びが、わたしたちの信仰に先立つものであり、旧約の時代には割礼として存在したという理解を前提にして執行されます。幼子も、自ら口で信仰を言い表すことができなくとも、選びの民に招き入れられる約束を神から与えられています。この約束ゆえに、教会共同体は、その民の一員である両親（もしくは片方の親）の信仰に基づいて、信仰の養育に責任を持ちます。

創世記17章には、イスラエルの信仰の父祖アブラハムが、全能の神と契約を交わす場面が描かれています。主なる神の呼びかけに応えて、メソポタミアを出立したアブラハムが九十九歳になったとき、神が顕現して、アブラハムに契約の内容を告げます。アブラハムは「国民の父」となり、子孫の繁栄と土地の取得を約束されます。その上で、「契約のしるし」（創世記17・11）として、イスラエルの民に属する男子はすべて生まれて八日目に割礼を受けることが命じられます。幼児洗礼もまた、神と信仰者の共同体である教会の間に交わされた「契約のしるし」であると言うことができます。

キリスト教会は、初めから幼児洗礼を実践してきたと思われます。しかし、聖書の中に、幼児洗礼を明確に規定する箇所がないことから、幼児洗礼を積極的に意味づけるようになったのは、五世紀のアウグスティヌスの時代だと考えられています。アウグスティヌスは、人間が全的に堕落しているという罪の現実を深く認識しました。人間の罪は、アダム以来、すべての人に例外なく「遺伝するもの」とさえ考えました。アウグスティヌスが伝えたかったことは、罪が特定の人間にだけ当てはまる、制御しがたい悪意や欲望や環境によって育まれた後天的な特性ではなく、すべての人間の存在のあり方と関わるものであるということです。「わたしの咎をことごとく洗い、罪から清めてください」（詩編51・4）という詩編の詩人の祈りは、幼子にもまた当てはまるのです。生まれたばかりの「無垢なる」赤ちゃんにも、罪の現実があり、だからこそ死ぬべき存在であり、幼子であっても、救いのために洗礼が必要であるということになります。

キリスト教会は、イエスさまが、乳飲み子を呼び寄せて、「子供たちをわたしのところに来させなさい。妨げてはならない。神の国はこのような者たちのものである」（ルカ18・16）と語られた言葉を、幼児洗礼を支持するものと理解しました。さらには、使徒言行録16章15節などに出てくる「全家の洗礼」すなわち主イエスと出会った人々が、主イエスから自分だけでなく、その家族の者も洗礼を受けたという記述から、家族の中には幼児も含まれていたに違いないと推測しました。

幼児洗礼を積極的に行うことは、イエスさまと神さまへの信仰によって一致する信仰共同体の形成を促すとともに、信仰の継承のために、教会が大きな責任を負うことを意味します。パウロもまた、テモテへの手紙二1章5節において、テモテの「純粋な信仰」を思い起こしています。テモテの信仰は、祖母ロイス、母エウニケから、テモテへと伝えられたものです。

このように信仰が継承されて実を結ぶことは、わたしたちにとって大きな喜びです。信仰の継承は、信仰が血縁や地縁によって伝達されることではなく、神ご自身の聖霊の働きかけが先立つことは言うまでもありません。教会は、三位一体の神を信じるゆえに、神の国と神の義を求め、すべての者が罪ゆえに、神の栄光を受けられなくなっているとしても、「ただキリスト・イエスによる贖いのわざを通して、神の恵みにより無償で義とされるのです」（ローマ3・24）。

幼児洗礼を受けた幼な子もまた、信仰によって無償で義とされ、神さまとの関係を回復します。幼児洗礼を受けた時点では、まだ自らの口で信仰を言い表すことができないとしても、神さまとの約束ゆえに、教会の民の一員に加えられ、そこで信仰の養育を与えられ、信仰告白式へと導かれることになります。

問85　そのような恵みに教会と幼児（小児）はどのようにして応えればよいのでしょうか。

答　洗礼を受けた子どもたちには、やがて自分に与えられた神さまの恵みをはっきりと自覚し、自分の口で言い表す信仰告白の時が訪れます。それが神さまの恵みへの応答です。そのために子どもたちの父母はもちろんのこと、教会は子どもたちを教会の肢として、養い育てる責任があります。

出エジプト12・24―27、ヨシュア4・20―24、申命記6・4―9、マルコ10・13―16、ローマ10・9―10、Ⅱテモテ3・14―17

幼児洗礼を受けた幼児（小児）は、神の恵みにより無償で義とされます。この恵みをすでに受けた幼な子は、やがて与えられた恵みをはっきりと自覚し、自分の口で信仰を言い表す時を迎えます。神さまの恵みに応答する機会が与えられることもまた、大きな恵みなのです。

このために、幼児洗礼を授けた教会は、子どもの両親と共に、幼児洗礼を受けた子どもが、信仰告白へと導かれ、そのために養育される責任を負います。教会は、子どもたちを教会の肢として養い育てる責任を常に持ちます。

教会は、信仰告白をする年齢を一律に定めているわけではありません。しかし、中学生から高校生にかけて、幼児洗礼を受けた者は、教会が定期的に行う信仰教育のプログラムに出席し、カテキズム教育を受け、そこで自覚的に教会の信仰を告白する準備をします。

幼児洗礼を施すことは、子どもの自由を損ない、自発的な信仰を育む機会をむしろ奪うものであり、大人になってからの洗礼が望ましいのではないかという意見は常に存在します。しかし、そもそも「自発的な信仰」とは何であるかが、明確ではありません。信仰は、神によって与えられ、教会が保持し伝えてきたものです。幼児洗礼は、旧約の時代の割礼と同じく、神さまがわたしたちを救ってくださるという約束のしるしです。この約束を信じ確信する共同体は、むしろ積極的に幼児洗礼を行い、さらに神の恵みが先立つ幸いを共に分かつ経験をするのです。

過越の祭りを祝う際に、子どもたちが、「この儀式にはどういう意味があるのですか」と尋ねられたときには、神さまは「これが主の過越の犠牲である。主がエジプト人を撃たれたとき、エジプトにいたイスラエルの人々の家を過ぎ越し、我々の家を救われたのである」と答えるようにイスラエルの民に命じられました（出エジプト12・26―27）。さらにヨシュアが、ギルガルに十二の石を立てたとき、子どもたちがこれらの石は何を意味するのですかと尋ねる時も、ちょうど出エジプトの奇跡と同じように、イスラエルがヨルダン川を渡るとき、乾いたところを渡ることができた記念であると教えるように命じられました（ヨシュア４・20―24）。

幼児洗礼もまったく同じです。父なる神さまが、御子イエス・キリストをわたしたちの世界に送って、わたしたちを罪から救い出してくださったゆえに、幼児洗礼という契約のしるしが何を意味しているかを常に子どもたちに語り伝え、実践するのです。それは、幼児の自由を奪うのではなくて、むしろ幼児の人生を罪からの救いと解放というより大きな可能性と自由の領域へと導くことになるのです。

旧約のイスラエルの民は、申命記６章４節以下の言葉を「シェマー（聞け）」と名付けて特に重んじました。わたしたちの神が唯一で、わたしたちは心を尽くし、魂を尽くし、力を尽くして、主を愛すべきことが命じられています。しかも、この命令は、常に心に留められ、「子供たちに繰り返し教え、家に座っているときも道を歩くときも、寝ているときも、起きているときも、これを語り聞かせなさい。更に、これをしるしとして自分の手に結び、覚えとして額に付け、あなたの家の戸口の柱にも門にも書き記しなさい」（申命記６・７―９）と記されています。幼児洗礼もまた、幼な子にも救いの約束が与えられているという恵みの知らせなのですから、その大切さが、教会で常に語られ、実践されるべきです。

同時に、幼児洗礼は、わたしたちが口でイエスは主であると公に信仰を告白することを不要にはしません。むしろ、幼児洗礼を受けた者が、神さまの約束どおりに、信仰告白へと導かれることを家族も教会も祈り求めます。幼児洗礼は不要ではないかと考える人々に対しては、わたしたちはいつでも答えることができるように備えをなし、「穏やかに、敬意をもって、正しい良心で、弁明するよう」（Ⅰペトロ３・16）心がけましょう。

第5節　聖餐

問86　聖餐について教えてください。

答　聖餐は、十字架につけられ、復活されたイエスさまの体と血にあずかることです。それによって、わたしたちがイエスさまと一つに結ばれ、新しい生命《いのち》の体へと養われる特別な食事です。それは、パンとぶどう酒をもって行われます。

マタイ26・21―30、マルコ14・18―26、ルカ22・14―23、ルカ24・28―32、Ｉコリント10・14―22、Ｉコリント11・23―26

聖餐は、洗礼と共に、イエスさまが定めてくださった聖礼典の一つです。パンとぶどう酒という物を通して、十字架につけられ、復活されたイエスさまの天にある体と一つに結ばれる奥義です。説教が、目に見えない言葉を通して、イエスさまが今もここにおられることを証言するのに対して、聖餐は、見える言葉であるパンとぶどう酒を通して、イエスさまと一つに結ばれ、新しい生命の体へと養われる特別な食事です。

ですから、聖餐は、ふつうの食事とは異なります。ふつうの食事は、共に美味しいものを食べ、会食する人々が相互の交わりを深くするひとときです。そこには、神さまを信じる信仰は不要ですが、聖餐の食事には、常にイエスさまを救い主として信じ告白する信仰が求められます。イエスさまは、今は目には見えません。天の神さまの右におられ、そこから聖霊を注いで、本来は遠くにおられるのに、わたしたちの心を高く引き挙げて、イエスさまを近くに信じるようにしてくださいます。神さまは、天におられ、わたしたち人間は地上にいるのに、神さまご自身が聖霊の働きによって、わたしたちを天のイエスさまと交わることを可能にしてくださるのです。

わたしたちは、元来信仰が弱く、見えない神の言葉すなわち説教を通して、天におられるイエスさまを信じ続けることができません。このわたしたちの信仰の弱さゆえに、神の独り子イエスさまは、地上のご生涯で、最後の晩餐を祝う折に、わたしたちのために聖餐を定めてくださいました。聖餐は、それゆえに恵み以外の何ものでもありません。

聖餐の恵みは、空腹を満たすためにパンとぶどう酒をいただくことではありません。あるいは、同じ物を皆で食することで、ある種の連帯感を確認することでもないのです。イスラエルの民が、荒れ野で飢え苦しんだとき、神さまからマナをいただいたように、わたしたちは聖餐にあずかることで、神さまこそ主であり、救い主であることを知るようになるのです（出エジプト16・12）。イスラエルは、荒れ野をさまよう間、神さまからいただいたマナを食べ続けます（出エジプト16・35）。同じように、わたしたちも信仰を得ると、生涯聖餐にあずかって、神さまを近くに知るようになるのです。

預言者エリヤは、王妃イゼベルに命を狙われると、ベエル・シェバからユダの荒れ野に逃げ込みました。エリヤは、自分の命がやがて奪われることを予感して、「主よ、もう十分です。わたしの命を取ってください。わたしは先祖にまさる者ではありません」と神さまに願ったほどでした。やがてエリヤがえにしだの木の下で眠ってしまうと、主の使いが現れて、「起きて食べよ」と呼びかけます。見ると、エリヤの枕もとには、焼いたパン菓子と水の入った瓶が置いてありました。エリヤは、起き上がって、それらを食べ、その食べ物に力づけられ、ついに神の山ホレブに至り着きます（列王記上19・3―8）。預言者エリヤを生かし、力づけたのは、確かにパン菓子と水という食べ物でした。しかし、これらの食べ物は、主なる神が備えてくださったゆえに、荒れ野を横切る預言者の魂の糧となったのです。神を信じることがなければ、イスラエルの民も預言者エリヤもこれらの食物によって生かされることはなかったはずです。

聖餐のパンとぶどう酒もまったく同じです。それらは、確かに「物」なのですが、受け手の信仰によって、わたしたちの魂を養い、わたしたちの生命の元となります。主イエスが、地上のご生涯の中で、五つのパンと二匹の魚で、五千人を食べさせて満腹させた奇跡もまた、神の御子であるイエスさまの分け与えてくださる生命のパンである聖餐の奥義を遠くから、指し示しています（マルコ6・34―44）。

イエスさまは、十字架にかかり復活された後、弟子たちにご自分の姿を現されました。エルサレムから遠くないエマオという町に向かう道の途上を、二人の弟子たちが歩いていました。二人は、イエスさまの十字架と復活の出来事の一部始終を話し合っていました。その二人の弟子たちに復活のイエスさまは現れます。二人は、目の前にいる方が、イエスさまとは気づくことなく、イエスさまの十字架の出来事や婦人たちが墓に向かうとその墓が空になっていたことなどをイエスさまに話しました。

やがて一行は目指す村に近づき、夕方になったので、一緒に宿を取ることにしました。食事の席で、イエスさまは、パンを取り、賛美の祈りを唱え、パンを裂いて二人の弟子たちに渡しました。このとき、初めて二人の目が開け、目の前の旅人が、イエスさまであると気づきます。このエマオ途上の食事もまた特別な食事です。パンが裂かれ、そしておそらくぶどう酒の杯が飲まれるとき、そこに復活のイエスさまがおられることを知らされます。こうして、聖餐の食事と復活の主イエスの現臨とは、不可分に結びついています。

教会は、このように主イエスによって定められた聖餐を、御言葉の説教と共に、まことの教会のしるしとして大切にしてきました。御言葉が純粋に説教され、聖餐が正しく行われるとき、そこにまことの教会があると信じてきました。すでに初代の教会では、洗礼が授けられ、聖餐におけるパン裂きが実践されました（使徒言行録２・42、20・７―12など）。

教会は、二千年間聖餐の交わりを中心に形作られてきました。聖餐式のかたちや理解は、時代によって変化してきたことは事実です。しかし、初代教会から古代教会そして宗教改革の教会を経て、現代のわたしたちの教会に受け継がれている聖餐の本質は、一貫して保たれてきました。第一は、聖餐には、パンとぶどう酒という物を用いるということです。第二に、聖餐は、信仰を告白して洗礼を受けた人々があずかるということです。第三は、使徒パウロが語ったように、「わたしたちが神を賛美する賛美の杯は、キリストの血にあずかること」であり、「わたしたちが裂くパンは、キリストの体にあずかること」であるということです（Ⅰコリント10・16）。

問87　聖餐のパンとぶどう酒がイエスさまの体と血なのですか。

答　いいえ。聖餐のパンとぶどう酒そのものがイエスさまの体と血なのではありません。ただ、聖霊によって信仰をもってこれにあずかるとき、イエスさまの体を食べ、その血を飲み、天におられるイエスさまと一つに結ばれることを味わい知るのです。

ヨハネ6・53―56、ヨハネ6・30―35、Ⅰコリント10・16―17

聖餐でいただくパンとぶどう酒は、それがそのままイエスさまの体と血となるのではありません。日ごとにいただくパンやぶどう酒が、わたしたち人間の命を養い活かすように、イエス・キリストがわたしたちのために裂いてくださった肉とわたしたちのために流してくださった血が、わたしたちの罪の体を、新しい生命に生かしてくださいます。

パンとぶどう酒は、イエスさまが記念として取って食するように、定めてくださったものですから、これをお米と味噌汁に代替させることはできません。パンとぶどう酒という固有の物が、イエスさまの固有の体そのものを指し示します。

聖餐におけるパンとぶどう酒が、イエスさまの体と血となるのではありません。神さまが、わたしたちの内にとどまってくださり（Ⅰヨハネ3・24）、聖霊の働きによって、パンとぶどう酒を通して、イエスさまが今生きておられることを、知らせてくださるのです。

ですから、わたしたちの側に必要なのは、知識ではなく信仰です。信仰なくして、聖餐のパンとぶどう酒をいただくことはできません。信仰なくして、聖餐が守られるならば、それは一種の魔術のような迷信に陥るか、聖餐という神の制定してくださったものを、人間の定めにしてしまうことを意味します。

聖餐は、過越の食事をイエスさまが十二弟子と共に祝ったとき、イエスさまご自身が定められたものです。過越の祭りとは、神さまが、エジプトの初子をことごとく撃つ間に、イスラエルをエジプトから救い出してくださった出来事を記念し祝う祭りでした。イスラエルの民の家の入り口の二本の柱と鴨居に、屠った小羊の血を塗っておくと、神さまは、これはイスラエルの民の家だと識別して、「過ぎ越した」のです。家に塗られた血は、イスラエル人つまり神によって選ばれた民の「しるし」となったのです（出エジプト12・13）。

イエスさまは、この主なる神の過越を記念する食事において、ご自分の十字架の死の記念として、パンを裂き、杯を取って、信仰によって選ばれた者たちの「しるし」としたのです。

わたしたちの救いのために、イエスさまご自身がパンを裂き、杯を取ってくださったゆえに、聖餐のすべては、「主の恵み深さ」を表しています（詩編34・9）。聖餐にあずかるとき、わたしたちは主の恵みとともに、主を畏れ敬う姿勢を常に持ちます。畏れのないところに、正しい聖餐の執行はあり得ません。聖餐は、ふだんの食事とはまったく違います。この食卓には、わたしたちのために苦しみ、十字架上で血を流し、肉を裂いてまで、救いの道を貫徹しようとした神の御子が臨んでくださっています。しかも、食卓に共に着いていてくださるイエスさまは、「わたしが命のパンである。わたしのもとに来る者は決して飢えることがなく、わたしを信じる者は決して渇くことがない」（ヨハネ６・

35）と呼びかけてくださいます。何という恵みでしょうか。わたしたちは、昔風の言葉遣いをすれば、「かたじけない」という思いで、聖餐に連なるのです。

聖餐は、教会の礼拝の中で行われます。御言葉を聴き、聖書から説教がなされ、そこで聖餐の祝いも行われます。御言葉の説教と聖餐は、復活し天に挙げられた主イエスを等しく指し示します。ですから、御言葉を伴わない聖餐はあり得ません。聖餐のパンとぶどう酒は、洗礼を受けた人、幼児洗礼を受け信仰告白をした人であれば、どこの教会員にも配られます。しかし、洗礼を受けていない人、幼児洗礼は受けたが未だ信仰告白を済ませていない人、そして戒規を受けた人はあずかることができません。このような区別は、決して差別ではなくて、洗礼を受けた者が信仰をもって聖餐にあずかることが、聖餐の本質といかに密接に結びついているかを考えてきた教会の決意によるのです。パウロは、コリントの信徒への手紙一10章1―4節で、洗礼と聖餐の結びつきを次のように示しています。「わたしたちの先祖は皆、雲の下におり、皆、海を通り抜け、皆、雲の中、海の中で、モーセに属するものとなる洗礼を授けられ、皆、同じ霊的な食物を食べ、皆が同じ霊的な飲み物を飲みました」。パウロは、ここで旧約の時代を新約の時代の原型として取り上げています。かつてイスラエルの民がモーセに率いられてエジプトを脱出したとき、紅海が二つに裂けた中を渡渉して水の洗礼を受け、荒れ野の四十年間の放浪の時代に、マナすなわち霊的な食物によって、さらには岩から出る水を飲んで養われたからです。

聖餐は、病床や家庭で行われることもあります。しかし、これらは、牧師の意向や教会員の願いに基づいて、教会の長老会（役員会）が判断し、その執行を牧師に委ねるものです。長老（役員）は、教会員がふさわしく聖餐にあずかることができるかを吟味し、整頓された聖餐式の保持を心がけます。長老会（役員会）は、キリストを頭として、自らを肢であると自覚しています。キリストの体なる教会が、常に頭であるイエスさまにふさわしく整えられているかどうかを自己反省します。なぜなら、ぶどうの枝が、木につながっていなければ、自分では実を結ぶことができないように、教会のすべてのメンバーも、イエス・キリストにつながっていなければ、救いへと至らないからです（ヨハネ15・1―5）。聖餐は、わたしたちの救いのために、復活の主イエスさまによって制定されたゆえに、キリストの体である教会のわざとして執行されます。

問88　なぜ聖餐にあずかることが必要なのですか。

答　わたしたちの弱さのゆえです。わたしたちは洗礼を受けたのち、聖餐にあずかるたびに、神さまの国の食卓に連なって、イエスさまが再び来られるのを待ち望みます。聖餐によって、救いの確信を生涯保つことができるのです。

出エジプト13・8―10、エレミヤ4・4、Ⅱコリント4・16―18、ガラテヤ2・20、エフェソ4・12―16、ヘブライ10・19―25

わたしたちに聖礼典が必要なのは、わたしたちの信仰の弱さゆえです。わたしたちは、見えない言葉の説教によって、神を知る恵みを与えられています。しかし、見えない神の言葉は、「見えない」

ために、しばしば誤解の対象となったり、確信をもって信じ続けることができなくなります。主なる神さまは、アブラハムやモーセを通して、イスラエルの民にいつも言葉をもって語りかけました。しかし、民はしばしば御言葉を信じることができずに、偶像崇拝の罪を犯したのと同じです。

イスラエルを導くために、神さまは、あるときは雲を幕屋の上にとどまらせて、旅路を導いてくださいました。また夜には、雲の中に火を灯して、しるしとしてくださったのです（出エジプト40・34―38）。神さまは、このように目に見える「しるし」を与えて、信仰者が行く道を導いてくださいます。イスラエルの民は、除酵祭の日に、エジプトから導き出されたことを記念して、酵母入りのパンを食べてはならないと命じられました。そして、自分の子どもたちに繰り返し次のように告げました。「これは、わたしがエジプトから出たとき、主がわたしのために行われたことのゆえである」（出エジプト13・8）。

聖礼典は、神さまがわたしたちの救いのために何をなしてくださったかを記念し、記憶するために、「記憶のしるし」として、イエスさまが定めてくださったものです。イエスさまが、聖礼典を定めてくださったのは、わたしたちの弱さを深く知り、憐れんでくださって、この「しるし」を与えて、わたしたちが救いの確信を生涯保つためです。

わたしたちは、聖礼典にあずかるたびに、わたしたちの罪と弱さゆえに、ご自分の命を差し出してくださったばかりでなく、わたしたち信仰者の生涯の歩みを支えてくださる主の恵みを覚えて感謝するのです。聖礼典を定めてくださる神を仰ぐとき、わたしたちは詩編の詩人と共に歌います。「わたしの魂よ、沈黙して、ただ神に向かえ。神にのみ、わたしは希望をおいている」（詩編62・6）。

聖礼典を定めてくださったイエス・キリストの父なる神の前で、わたしたちは生涯信仰を保ち続け、決して動揺することなく、信仰の道を歩むように約束されています。

しかし、それでも信仰の旅路を歩むとき、わたしたちは信仰が揺らぎ、自信を失うことがあります。突然の試練に直面したとき、わたしたちはうろたえ、神さまはなぜこのような苦しみをお与えになったのかと問い続けるでしょう。イエスさまの十字架と復活の出来事が、わたしの救いのためであったことへの疑いさえ湧いてきます。

イエスさまの弟子の一人トマスは、復活の主イエス・キリストが現れたとき、自分は、「あの方の手に釘の跡を見、この指を釘跡に入れてみなければ、また、この手をそのわき腹に入れてみなければ、わたしは決して信じない」（ヨハネ20・25）と言いました。主イエスは復活されたと弟子たちが告げるのに、自分の経験にないことを受け入れることができなかったトマスの姿勢は、すべての人間に共通するものです。

しかし、イエスさまは、このトマスをさばき退けるのではなく、むしろご自分を現してくださって、「あなたの指をここに当てて、わたしの手を見なさい。また、あなたの手を伸ばし、わたしのわき腹に入れなさい。信じない者ではなく、信じる者になりなさい」（ヨハネ20・27）と言われました。自分の目で見、手で触れなければ、信じることがない弱く愚かなわたしたちをイエスさまは憐れんでくださいました。

ですから、わたしたちは信仰が揺らぎそうになったときには、特に「目に見えるしるし」としてわたしたちに差し出された聖礼典をしっかりと守り、一層主の恵みによりすがることができます。わたしたちは、自分の信仰の弱さを隠したり、恥じる必要はありません。パウロと共に、「キリストの力がわたしの内に宿るように、むしろ大いに喜んで自分の弱さを誇りましょう」（Ⅱコリント12・9）と言うことができます。

弱いわたしたちが、イエスさまの助けによって、神の永遠のご支配の下に入れられます。そこでは、永遠の大祭司であるイエスさまが、神の右にいて、わたしたちを愛し続けてくださいます。支配者であるイエスさまは、わたしたちを権力で服従させるのではなく、愛と慈しみの力で支配されます。だから、わたしたちは、心清められて、良心のとがめはなくなり、体は清い水で洗われています（ヘブライ10・22）。わたしたちは、イエスさまの父である神さまを信頼しきって、希望を保ちながら、互いに愛と善行に励むことができます。終末の日が来て、あらゆる苦難や試練からわたしたちが解き放たれる時まで、礼拝を怠らず、神の御言葉を聴き、聖餐にあずかる生活を、聖霊の導きのもとで続けていきます。

第6節　伝道

問89　イエスさまに救われたわたしたちは、どのように生きるのですか。

答　救われた喜びを多くの人と分かち合うために伝道します。

マルコ5・1―20、ヨハネ15・11―17、フィリピ4・4―7、Ⅰペトロ1・8―9、

イエスさまに救われたわたしたちは、救われた喜びを多くの人々と分かち合うために、福音を伝えます。復活された主イエス・キリストは、弟子たちに現れて、「あなたがたは行って、父と子と聖霊の名によって洗礼を授けなさい」と命じられました（マタイ28・19）。

この主のご命令によって、時が良くても悪くても、伝道し続けるのが、わたしたちの教会です。自分が教会に通うようになったきっかけを振り返ってみると、必ず福音を伝えられた出来事があるはずです。わたしたちが、福音を伝えられてクリスチャンとなり、救われた喜びに生きるようになったのであれば、わたしたちもその喜びを伝えるのは当然のことでしょう。

日本のように、クリスチャンの数が、人口の一％にも満たない社会では、福音伝道の試みは、たくさんの妨げに遭います。キリスト教禁教の時代には、多くのキリシタンが迫害を受けました。明治初期には、宣教師たちの来日によって、キリスト教ブームが起こりますが、一八九〇年代になると、日本が国粋化し、その熱も途端に冷め、キリスト教に対する批判が多方面から起こります。第二次世界大戦の時代にも、迫害を耐え忍んだ多くの牧師や信仰者がいました。

現代の日本社会の伝道の妨げは、人々の無関心でしょう。それぞれの時代に、わたしたちは忍耐しつつ、福音伝道にあたります。しかし、その妨げは、救われた喜びに比べると、小さなものと言えます。初代の教会の伝道の様子は、使徒言行録に記録されていますが、ペトロもパウロも、復活の主の力と罪の赦しのすばらしさを伝えるために、いくつもの困難を乗り越えて伝道しました。二人は、殉

Ⅰヨハネ1・1—4

教したと伝えられています。「殉教する」という言葉は、「証人となる」という意味を併せ持つ言葉です。

使徒たちの伝道は、主イエスと共になされたガリラヤ伝道に出発点があります。主イエスは、ガリラヤで、異邦人が住む地域にも足を踏み入れ、汚れた霊に取り憑かれた人々を癒されました（マルコ5・1以下）。その後、イエスさまは、悪霊に取り憑かれていた人が、一緒に行きたいと願い出たとき、それを許さないで、「自分の家に帰りなさい。そして身内の人に、主があなたを憐れみ、あなたにしてくださったことをことごとく知らせなさい」（マルコ5・19）と命じられました。主イエスとの出会いと救いの出来事を、最も身近な人々に伝えることは、たいへん重要な伝道のわざです。

現代の日本のクリスチャンは、信教の自由を得て、殉教をすることはありませんが、キリストの証人として生きることができます。イエスさまに救われたわたしたちは、その喜びを多くの人々と分かち合うために、礼拝の最後の祝福（祝禱）の言葉とともに、新しい一週間に押し出されていきます。そこで出会う人々、愛する家族、友人たちにもまた、主の恵みを伝えます。恵みを伝える最良の方法は、わたしたちが、救われた喜びに生きて（フィリピ4・4、Ⅰペトロ1・8）、主からいただいた恵みの光に照らされて、神と隣人に仕える生き方をすることです。

問90　伝道するとはどういうことですか。

答　地の塩、世の光として生きることです。

イザヤ６・１―８、イザヤ52・７―10、マタイ４・18―22、マタイ５・13―16、マタイ28・16―20、ルカ４・16―19、使徒言行録18・８―11

伝道するとは、特別に難しく考える必要はありません。一人のクリスチャンとして、地の塩、世の光として生きることです（マタイ５・13―16）。地の塩とは、岩塩のことです。砂漠の地方には、岩塩が至るところにありました。塩は、いつの時代にも、生活のためになくてはならないものです。味付け、食物の保存、殺菌など、わずかな量で、かけがえのない役割を果たします。イエスさまは、「あなたがたは地の塩」であると言われました。それは、クリスチャンの働きがどれほど小さくても、世にはなくてはならないのだということです。クリスチャンがいることで、神さまの愛が伝えられます。福音が伝達されます。

イエスさまは、さらに「あなたがたは、世の光である」と言われます。クリスチャンは、自分で光を輝かせるのではなくて、神さまのまことの光に照らされて、主のご栄光を明らかにする生き方をします。神さまを愛し、隣人を愛することは、自分を輝かせることではありません。まったく反対に、自分を無にしても、まことの光である神さまを証言します。

イエスさまは、ガリラヤで伝道をする際に、ユダヤ人の会堂（シナゴーグ）に入り、イザヤ書61章１節以下を朗読しました。そこには、「主がわたしを遣わされたのは、捕らわれている人に解放を、目の見えない人に視力の回復を告げ、圧迫されている人を自由にし、主の恵みの年を告げるためである」と書かれていました（ルカ４・18）。そしてイエスさまは、「この聖書の言葉は、今日、あなたたちがたが耳にしたとき、実現した」と話し始められました。

伝道とは、わたしたちの中にある思想やメッセージを告げることではなくて、イエスさまの到来とともに実現した神の国、神のご支配をイエスさまと共に語り伝えることです。それが、地の塩、世の光として生きることです。

わたしたちは、このために、復活のイエスさまから、世に派遣されています。マタイによる福音書28章19節には、十一人の弟子たちと共に、山に登ったイエスさまが、弟子たちを派遣する伝道命令が書かれています。「だから、あなたがたは行って、すべての民をわたしの弟子にしなさい。彼らに父と子と聖霊の名によって洗礼を授け、あなたがたに命じておいたことをすべて守るように教えなさい。わたしは世の終わりまで、いつもあなたがたと共にいる」(マタイ28・19―20)。

わたしたちも、この伝道命令を、弟子たちと同じように聞き取ります。わたしたちが遣わされる場所は、家族、職場、学校、そしてこの世界全体です。復活のイエスさまが、いつも共にいてくださるという約束をしてくださったのですから、恐れる必要はありません。わたしたちは、聖霊に導かれて、大胆に、恐れることなく語り続けることができます(使徒言行録18・9)。クリスチャンの数はたとえ今は少なくても、この町の民が、神の言葉を聴いて、悔い改めることを信じて伝道します。そのために、地の塩、世の光として今を生きましょう。

あとがき

本書は、キリスト新聞社から出版されて多くの読者を得てきた『明解カテキズム』『続・明解カテキズム』に収められたカテキズムをより簡潔にして、ふさわしい証拠聖句を選び直し、解説を新たにしたものです。そのような意味を込めて、表題も『新・明解カテキズム』としました。

今回も全国連合長老会日曜学校委員会が、カテキズムの作成と編集の労をとりました。日曜学校委員会のメンバーは、宗教改革五〇〇年の記念すべき年、二〇一七年の完成を目指して、約三年にわたって、会合を重ね、旧カテキズムを推敲し、証拠聖書を選び直しました。必要に応じて、一泊の委員会を行って、文言の検討をしました。カテキズムの作成には、たいへんな労力とともに、牧師の相互信頼と信仰的な一致が求められます。これまでのカテキズム本文を丁寧に読み直しながら、より適切で明瞭な文言を確定していきました。

カテキズム作成の全責任は、全国連合長老会日曜学校委員会にありますが、最終段階では、同信仰職制委員会の井ノ川勝委員長にも目を通していただき、東京神学大学教授で大森めぐみ教会の関川泰寛牧師が、これまでと同様に解説の執筆にあたりました。すでに公刊された『明解カテキズム』と『続・明解カテキズム』の成果を無視するのではなくて、それらを継承しながら、文言をもっと分かりやすく、明瞭簡潔に解説することを心がけました。

したがって、カテキズム文言の解説は、これまでのものと重なっている箇所もあります。同時に、書き改めた部分、一部修正を加えた部分、文章を推敲した部分なども混在しています。このようなプロセスを経て完成したカテキズムは、改革長老教会の伝統を自覚的に継承しているがゆえに、個人の営みであるはずはなく、教会の教会によるカテキズムとなっています。

本書の新しい特色は、第一に、証拠聖句の全文掲載をやめたところにあります。聖書箇所は明記してあるので、各人が自分の聖書を開いて、カテキズムと解説と突き合わせてくだされぱと願っています。これによって、『明解カテキズム』『続・明解カテキズム』の合本として、全体の分量を減らすことができました。

第二は、使徒信条、十戒、主の祈りの三要文の解説という形式では、これまでのものを継承していますが、主の祈りの本文として、「日本聖公会・ローマ・カトリック教会共通口語訳」を、また使徒信条本文を「教会教育用口語訳　第一四回日本基督教団総会承認」を採用した点です。これらは、日本基督教団の多くの教会には馴染みが薄いかもしれませんが、子どもたちの信仰養育に、分かる言葉、口語を使用したいという委員会の願いによるものです。

特に「日本聖公会・ローマ・カトリック教会共通口語訳」の主の祈りは、文語体の主の祈りの、「ねがわくは」という言葉や「我らに罪をおかす者を　我らがゆるすごとく」の文章が持つ、誤解を与える可能性を排して、より明瞭にしかも唱和しやすい訳文となっている点を評価しています。なお「日本聖公会・ローマ・カトリック教会共通口語訳」の主の祈りと「教会教育用口語訳　第一四回日本基督教団総会承認」の使徒信条本文は、『こどもさんびか　改訂版』（日本キリスト教団出版局、二〇〇二年）の一九二頁と一九三頁に掲載されています。

第三に、全体を簡潔にし、これまでのカテキズムにあった小さな設問をすべて削除しました。これによって、カテキズム文言そのものの解説にすぐに親しむことができるように配慮すると同時に、教理の設問を整理して、より分かりやすくしました。

以上の特色を理解して、新しいカテキズムとその解説を、日曜学校（教会学校）の信仰養育、さらには子どもから大人までの受洗教育のために用いていただければ幸いです。

本書には、カテキズムの本質等の解説は付されていません。カテキズムがどのようなものであるかを知りたい方は、『明解カテキズム』の二八一頁以下の「あとがきに代えて」を参照してください。

なお引き続き、本書所収の新しいカテキズムに基づいた、『カテキズム教案』も継続して、全国連合長老会日曜学校委員会によって年二回の発行を継続します。こちらは、書店ではなくて、全国連合長老会出版委員会宛て（〒925―0032　石川県羽咋市東川原町柳橋11―2　羽咋教会気付）に、購読を申し込んでください。

最後になりましたが、今回の出版には、教文館の高木誠一氏のご尽力をいただきました。短い時間内で出版までの段取りを整えていただき、快く出版に応じてくださったことを感謝いたします。また、最初に述べた全国連合長老会日曜学校委員会の委員各位の献身的な奉仕なくしては、本書の出版はなかったと思われます。この点も覚えて、感謝をいたします。

日本の伝道は、思想や神学を唱えるだけでは進展しません。思想や神学を結実させて、具体化し、それを実際に用いること、しかも、一個教会を超えて、諸教会の共有財産としていくことで、伝道は実を結ぶと確信しています。そのために、本書が諸教会で実際に用いられること、そして、受洗者が一人でも多く与えられることを願ってやみません。

二〇一七年九月

関川泰寛

《執筆者紹介》

カテキズム

乾　元美（神戸神愛教会牧師）
内城　恵（羽咋教会牧師）
兼子洋介（富田林教会牧師）
川島直道（錦ヶ丘教会牧師）
清藤　淳（松沢教会牧師）
関川瑞恵（大森めぐみ教会牧師）
中島善子（豊橋東田教会牧師）
服部　修（蕃山町教会牧師）
増田将平（元青山教会牧師・2024年逝去）

解説

関川泰寛（大森めぐみ教会牧師）

子どもと共に学ぶ
新・明解カテキズム

2017年12月25日　初版発行
2025年4月30日　3版発行

編　者　全国連合長老会日曜学校委員会
発行者　渡部　満
発行所　株式会社　教文館
〒104-0061　東京都中央区銀座4-5-1　電話 03(3561)5549　FAX 03(5250)5107
URL　http://www.kyobunkwan.co.jp/publishing/
印刷所　モリモト印刷株式会社

配給元　日キ販　〒112-0014　東京都文京区関口1-44-4
電話 03(3260)5670　FAX 03(3260)5637

ISBN978-4-7642-6132-7　Printed in Japan